EDITION FREIZEIT UND WISSEN
TAUCHREISEFÜHRER BAND 11
Herausgeber: Dr. Friedrich Naglschmid

Tauchreiseführer Österreich
KÄRNTEN

Herbert Frei

Ein Urlaubsführer für alle, die sich an den Seen und der Seenlandschaft Kärntens erfreuen wollen: Schwimmer, Schnorchler, Taucher, Angler, Wanderer...

VERLAG SN

VERLAG STEPHANIE NAGLSCHMID STUTTGART

Die Deutsche Bibliothek - CIP-Einheitsaufnahme

Frei, Herbert:
Tauchreiseführer Österreich / Herbert Frei. - Stuttgart:
Naglschmid.
Kärnten. - 1994
(Edition Freizeit und Wissen : Tauchreiseführer ; Bd. 11)
ISBN 3-925342-94-X
NE: Edition Freizeit und Wissen / Tauchreiseführer

Alle Fotos: Herbert Frei/MTi-Press Stuttgart
Titelgestaltung: MTi-Press, Stuttgart

Rotebühlstr. 87 A, 70178 Stuttgart
Tel. 0711/626878, Fax 0711/612323

Unsere Bücher werden auf chlorfrei gebleichtem Papier gedruckt.

Herstellung: Druckerei Schreck GmbH u. Co. KG, 67487 Maikammer/Pfalz

ZUM GELEIT

Kärnten ist das seenreichste Bundesland Österreichs; eine Durchzählung anhand einer Karte im Maßstab 1:50 000 ergab 1 270 Seen aller Größen. An der gesamten Wasserfläche von etwa 60 qkm haben die vier größten Seen des Landes einen Anteil von 83%. Es sind dies der Wörthersee, der Millstättersee, der Ossiachersee und der Weißensee. Aufgrund ihrer landschaftlichen Schönheit waren insbesondere die Seen der Tallagen schon seit Ende des letzten Jahrhunderts Ziel limnologischer Untersuchungen. Eine gründliche Erforschung der Seen begann mit den Arbeiten des berühmten Kärntner Seenforschers Univ.-Prof. Dr. Findenegg, der wesentliche und für die Limnologie, eben der Seenforschung, sehr bedeutsame Entdeckungen machte. Aufgrund dieser Arbeiten war es möglich, die lomnologische Entwicklung der Seen etwa von 1930 bis heute zu verfolgen. Seit 1975 besteht das "Kärntner Insdtitut für Seenforschung", welches die von Findenegg begonnenen limnologischen Untersuchungen auf breiter Basis weiterführt.
Bezeichnend für die Kärntner Seen ist die Tatsache, daß keiner der Seen von einem größeren Fluß durchflossen wird. Dadurch haben die Seen kleine Einzugsbereiche, geringe Durchströmung, lange Wassererneuerungszeiten, zum Teil meromiktische Tiefwasserzonen (Wasserschichten, welche niemals in die jährliche Durchmischung einbezogen werden und welche folglich sehr nährstoffreiches und sauerstoffloses Tiefenwasser aufweisen), sowie eine strenge Schichtung im Sommer mit sehr warmem Oberflächenwasser.
Wie an den meisten europäischen Seen kam es in den späten 60er Jahren zu einer deutlichen Verschlechterung der Wasserqualtät, die durch den erhöhten Phosphoreintrag verursacht wurde und die sich in einer sehr starken Algenentwicklung mit allen ihren negativen Erscheinungen (starke Trübung, Algenblüten, starke Sauerstoffzerrung in der Tiefe und anderes mehr) zeigte. Aufgrund der kleinen Einzugsbereiche konnten als besonders wirksame Maßnahmen zur Sanierung unserer Seen Ringkanalleitungen eingesetzt werden, welche sämtliche Abwässer im Einzugsbereich sammeln und aus diesem heraustransportieren. Diese Sanierungsmaßnahmen waren so erfolgreich, daß einige der Seen derzeit eine weit bessere Wasserqualität aufweisen als vor dem Zweiten Weltkrieg. Besonders wegen der außerordentlichen Klarheit des Oberflächenwassers stellen sie daher ein beliebtes und ausgezeichnetes Revier für den Sporttaucher dar. Da die verantwortlichen Stellen erkannt haben, daß unsere Seen ein wertvolles Naturpotential darstellen, ist zu erwarten, daß die gute Qualität auch für künftige Generationen erhalten bleiben wird.

Dr. Norbert Schulz
Kärtner Institut für Seenforschung

Inhaltsverzeichnis

ALLGEMEINES

Tauchferien im Süßwasser sind für viele, dem nassen Medium frönende Menschen immer noch die beste Alternative zu den jährlichen Mittelmeerreisen an überfüllte Strände, kahlgeschossene und überfischte Küsten sowie zu den für Kleinkinder oft unzumutbaren Entfernungen im überhitzten Auto.
Kärnten, ein Land mit über 1000 gezählten Gewässern, davon mehr als 100 betauchbaren, kann deshalb selbst in der Hauptreisezeit dem Taucher viele Gewässer bieten, an denen er sein Hobby noch weitgehend ungestört, frei und ohne behördliche Restriktionen genießen kann.
Damit dies so bleibt, sollten Sie, liebe Taucher, alle in diesem Tauchreiseführer erwähnten Ratschläge und Tips bezüglich der Verhaltensweise an und in den Seen besonders beachten. Weisen Sie sich als gerngesehener Gast und Schützer von Pflanzen und Tieren, Wasser und Kulturgütern aus. Beachten Sie insbesondere alle Tauchverbote (in Pfahlbauten!) und lassen Sie niemals in Landschaftsschutzgebieten den Kompressor laufen.
Bemühen Sie sich an kleinen Gewässern um ein friedliches Nebeneinander mit Anglern, Surfern und Seglern.
Demonstrieren Sie kein 'Heldentum' in Form von extremen Tieftauchgängen, denn jeder Unfall - und sei er noch so unglücklich - bringt die Behörden auf den Plan und schadet unserem Image. Lassen Sie die Finger von Waffen, Sprengstoff und Munition jeglicher Art, die leider noch tonnenweise in vielen Seen liegen. Viele der Sprengkörper sind noch in zündfähigem Zustand und stellen in den Händen von Unkundigen, Abenteurern und Waffensammlern ein nicht unbeträchtliches Risiko dar. Viele der potentiellen Fundstellen werden laufend von den örtlichen Gendarmerien überwacht, so daß 'Sammler' nur geringe Chancen haben, das heiße Tauchgut an Land zu bringen. Die Strafen für unbefugten Waffenbesitz und illegalen Sprengstoff-und Munitionshandel sind sehr hart. Widmen Sie sich statt dessen lieber der phantastischen Fauna und Flora in den warmen und dennoch erstaunlich klaren Seen. In den dichten und urwüchsigen Schilfzonen der großen Kärntner Seen kommen selbst verwöhnte Ferngereiste - mit Kamera und Schnorchel ausgerüstet - voll auf ihre Kosten.

Noch ein Tip: Bevor Sie mit den Süßwasser-Tauchferien beginnen, informieren Sie sich an Hand von geeigneter Literatur über die Fisch- und Pflanzenwelt im Süßwasser. Auch ein kleines Basiswissen vermittelt Ihnen beim Tauchen Verständnis für die vielfach gefährdeten Lebewesen unserer Seen. Letztendlich macht das Tauchen noch mehr Spaß, wenn man weiß, was man gesehen hat.

KÄRNTEN - LAND UND LEUTE

Geschichte

Schon zu Zeiten der Römer war das Land zwischen Italien, Slowenien und den Tauern ein beliebtes Reiseziel. Carinthia nannten es die alten Lateiner, Karantana (Ort der Freude) die Kelten, die im 3. Jahrhundert v.Chr. diesen Landabschnitt besiedelten. Nachdem Kärnten um 100 v.Chr. in die Hände der durch riesige Gold-und Eisenfunde angelockten Römer fiel, wurde es römische Provinz. Das Christentum faßte etwa im 4. Jahrhundert Fuß in Karantanien. Die Vermischung zum Vielvölkerstaat zeichnete sich schon früh durch die Völkerwanderung ab. Die Awaren, die Slowenen und die Magyaren bildeten eigene Volksgruppen im Süden Kärntens. Immer noch sind sprachliche und ethnische Verbindungen nach Slowenien festzustellen. Daß Kärnten schon in frühgeschichtlicher Zeit vom Balkan - oder auch umgekehrt - beeinflußt wurde, beweisen zahlreiche Funde in den Pfahlbauten der Kärntner Seen, die eine Verbindung, über die Karawanken hinweg, zum benachbarten Slowenien erkennen lassen.
Heute ist Kärnten ein österreichisches Bundesland, das fünftgrößte von neun, mit einer Fläche von ca. 9.550 qkm und 550.000 Einwohnern.

Geographisches Landschaftsbild

Das österreichische Bundesland Kärnten wird fast von allen Seiten von hohen Bergen umschlossen. Im Süden bilden die Karawanken nach Slowenien und die Karnischen Alpen nach Italien natürliche Barrieren, während der aus Deutschland kommende Besucher, dessen Weg über die von Salzburg bis nach Klagenfurt durchgehende Autobahn führt, nach dem Durchfahren des Tauern- und des Katschberg-Tunnels die Wetterscheide im Nordosten durchbrochen hat. Es ist wie die Fahrt in eine andere Welt. Vor dem Tunnel kann es in Strömen regnen, derweil auf der anderen Seite die Sonne vom Himmel herab brennt.
In Kärnten gibt es nicht nur die meisten Seen Österreichs, sondern auch die höchsten Gipfel. Der Großglockner ist Österreichs höchster Berg, er ragt 3.797 m in die Höhe. Wie stolz die Kärntner auf diesen Alpengipfel sind, beweist ihre Landeshymne, in der des Glockners Eisgefilde besungen werden.
Bezwungen wurde der Großglockner am 28. Juli 1800 vom Pfarrer Horasch aus Döllach. Im Winter zählt das Gebiet um den Großglockner zu den schönsten und eindruckvollsten Skisportzentren Europas. Millionenfaches Fotomotiv ist Heiligenblut (1.300 m) mit dem mächtigen Berg im Hintergrund.

Alle Gewässer Kärntens sammeln sich in der Drau, deren enormes Einzugsgebiet die Basis für viele Kraftwerke ist.
Als Durchreiseland für Balkanbesucher hat Kärnten eine lange, aber nicht immer angenehme Tradition. Noch in den 70er Jahren zogen sich endlose Schlangen stinkender, nur im Schrittempo rollender Autos durch die romantischen, am Fuße der Pässe gelegenen Dörfer in Richtung des damaligen Jugoslawien. Loiblpaß und Wurzenpaß sind Schreckensnamen dieser Zeit. Manches Urlauberauto hat auf diesen Schotterpisten seinen Geist aufgegeben.
Diese Zeiten sind gottlob vorbei, und dank einer weitsichtigen und großzügigen Straßenplanung hat das Nadelöhr im Süden seine Schrecken verloren.
Als eines der reizvollsten und lieblichsten Täler Österreichs wird das Gailtal bezeichnet, dessen Einschnitt einer geologischen Bruchspalte gleichkommt. Es verläuft etwa parallel zum Haupttal der Drau und zählt zu den beliebtesten Wanderzielen erholungssuchender Urlaubsgäste.

Klima

Kärnten hat von allen österreichischen Bundesländern das ausgewogenste, beständigste und im Jahresdurchschnitt mildeste Klima. Luftströmungen und Aufwinde im Klagenfurter Becken sorgen selbst in regennassen Jahren für eine aufgelockerte Bewölkung mit viel Sonnenschein. Beeinflussend sind klimatische Ausläufer und Hochs vom Mittelmeer, die über den Balkan und Italien Zugang in die tief eingeschnittenen Täler finden.
Absoluter Klimapol ist der Wörthersee, dessen große Wasserfläche und die daraus resultierende Wetterkonstanz in allen seinen Peripheriegemeinden für eine überdurchschnittliche Lufterwärmung sorgen. Die geringste Bewölkung weisen die am Wörthersee gelegenen Gemeinden Krumpendorf und Pötschach auf.
Die beste Reisezeit hinsichtlich der Wasser- und Witterungsverhältnisse ist in den Monaten Juni bis Oktober (die offizielle Reisesaison endet am 15. September); auf den milden Herbst folgt dann meist ein strenger Winter mit viel Schnee.
Wintersport wird groß geschrieben in den Skizentren Naßfeld (1.530 m), Aukogel (2.650 m), Mauthner Alm (1.528 m), Gartnerkogel (2.195 m), Turracher Höhe (1.783 m), Kanzelhöhe (1.500 m), Gelitzengipfel (1.910 m) und Flattnitzer Sattel (1.400 m). Diese Aufzählung erhebt keinen Anspruch auf Vollständigkeit, sondern will nur Anreiz sein und über die Vielseitigkeit des Freizeitangebotes im Sommer und im Winter informieren.
Ein verregneter Sommer ist - wie das bisher Gesagte vermuten läßt - die Ausnahme, und wenn es doch vorkommt, dann bleibt die Witterung immer noch so mild, daß dennoch gebadet oder naßgetaucht werden kann.

Naturschutzzonen begünstigen das Wachstum der Seerosen

Extrem klares Wasser findet der Taucher in den Seen an der italienischen Grenze

Der Herbst mit seinen bunten Blättern ist die schönste Zeit in Kärnten

Für Fotografen sind die Kärntner Seen ein Dorado der Stimmungen

Pflanzen- und Tierwelt

An erster Stelle ist die Wulfenia (Wulfenia carinthiaca) zu nennen, Europas kostbarste Bergblume, die auf unserem Kontinent einzig im Gebiet des in den Karnischen Alpen liegenden Gartnerkofels vorkommt. Sie gilt als ein Relikt der Erdgeschichte, stammt sie doch aus einer Zeit, die über 60 Millionen Jahre zurückliegt, als im jetzigen Gebiet des Naßfeldes noch tropische Pflanzen beheimatet waren.
Die bereits im Tertiär aufgetretene Wulfenia (nach ihrem Entdecker Franz Xaver Wulfen, 1728 - 1805, benannt) findet man sonst nur noch im Kaukasusgebiet und im Himalaja. Die blauvioletten, mitunter auch violettrosa gefärbten Blüten der staudenförmig wachsenden Pflanze mit ihren ca. 30 cm hohen, behaarten Stengeln schimmern wie Perlmutt. Fast überflüssig zu sagen, daß diese Rarität unter strengem Naturschutz steht.
Im Nockgebiet gedeiht eine weitere botanische Besonderheit - die gelbe Speik, eine Baldrianpflanze von großer Seltenheit und hohem gesundheitlichen Wert. Beliebter Zier- und Nutzbaum in Kärnten ist der Nußbaum. Die im Frühjahr langsam ansteigenden Temperaturen und der fruchtbare Boden lassen in Kärnten den Mais- und Roggenanbau bis in Höhen von über 1.600 m zu. An Südhängen gedeith Obst oft noch in Höhenlagen, in denen anderenorts bereits Latschen und Flechten das Pflanzenbild beherrschen.
In weiten Tälern und unzugänglichen Hochlagen hat sich eine faszinierende Tierwelt erhalten. Steinböcke, Gemsen, Schneehühner und Schneehasen sowie die seltenen Birkhähne, Dachse, Füchse, Hirsche, Murmeltiere und Steinadler zeugen von einer gesunden Hochgebirgsökologie, deren Basis der verstärkte Landschaftsschutz bildet. Weniger angenehm, aber leider in großer Zahl vorkommend, sind die Zecken. Woran das liegt, ist ungeklärt, aber nirgendwo in Österreich ist der Zeckenbefall von Mensch und Tier größer als in Kärnten. Fast alle Einheimischen unterziehen sich regelmäßig den angesetzten Impfungen. Hirnhautentzündungen mit Folgeschäden, verursacht durch eine Zeckenart, den 'Holzbock', sind dennoch in jedem Jahr zu verzeichnen. Bei Wald- und Wiesenwanderungen sollten Sie deshalb die unbedeckten Körperstellen von Zeit zu Zeit abtasten und nach Zecken absuchen. Besser wäre vielleicht noch, ärztlichen Rat bezüglich einer Vorsorgeimpfung einzuholen.

Brauchtum und Spezialitäten

Tradition, Heimatverbundenheit, fröhliche Wettkämpfe und Gesellschaftsspiele werden in Kärnten von den Fremdenverkehrsvereinen und -ämtern sowie den Heimatverbänden in Kooperation mit den kulturellen Institutionen gepflegt. Meist sind die traditionellen Spiele lustiger Natur, wie z.B. das Gailtaler Schimmelreiten, bei dem

ein 8-beiniges Pferd - dargestellt von den einheimischen Burschen - allerlei Faxen macht und Unfug treibt, seine Reiter abwirft und zur Gaudi des Publikums von einem Schmied 'beschlagen' wird. Eine Abwandlung des Ringkampfes ist das Rangeln, das als Dorffest mit viel Prominenz von Alm gegen Alm oder Gemeinde gegen Gemeinde ausgetragen wird. Junge Burschen fassen sich an den Rockaufschlägen und Ärmeln ihrer Jacken und versuchen, den Gegner unter Einhaltung bestimmter Griffe und Tricks zu Fall zu bringen. Der Sieger erhält für jeden gewonnenen Kampf drei Federn. Wohl aus dem Mittelalter stammt das Kufenstechen, bei dem die jungen Männer eines Dorfes versuchen, in scharfem Galopp auf ungesattelten Pferden reitend, ein auf einer Stange befestigtes Holzfäßchen (Kufe genannt) mit einem kurzen Eisenschlägel zu zertrümmern. Wer die Kufe als erster gänzlich zerstört, erhält aus der Hand der Dorfschönsten einen geflochtenen Siegerkranz und darf mit ihr den Tanz unter der Dorflinde (oder im Wirtshaus) eröffnen.
Anziehungspunkt für Touristen sind in Feistritz nicht nur die sportlichen Leistungen der Burschen, sondern auch die wertvollen und einmaligen Trachten, die hier zu bewundern sind. Hohe Schaftstiefel, schwere geblümte Westen und schwarze Zipfelhauben locken alljährlich am Pfingstmontag und am Kirchweihfest viele tausend Besucher in die Gailtaler Gemeinden.
Geheimnisumwittert ist der Hüttenberger Knappentanz im Görtschitztal, der stets am ersten Sonntag nach Pfingsten stattfindet. Von den Bergleuten seit Jahrhunderten überliefert, tanzen die Knappentänzer seltsame Figuren zu alter Musik. Die Aufführung altüberlieferter Riten, deren eigentlicher Hergang nicht mehr eindeutig belegbar ist, wird vom Bürgermeister und der Knappenbraut unter einer Laubhütte am Marktplatz eröffnet. Nach dem Absingen eines historischen Bergmannsliedes muß sich jeder, der kein Bergleder, das Symbol der Knappen, besitzt unter dem Gejohle der Anwesenden von den angedrohten Pritschenschlägen freikaufen.
Auf einer Sage aus dem Mittelalter beruht der Weitenfelder Wettlauf, bei dem drei junge, unverheiratete Dorfburschen um die Hand des einzigen Dorfmädchens kämpfen. In Weitenfeld sollen während der Pest alle Dorfbewohner, bis auf eben diese vier, verstorben sein. Um Neid und Mißgunst durch Losentscheid auszuschalten, wurde ein Wettlauf ersonnen, in dem die barfüßigen und weißgekleideten Wettkämpfer mit roten Schärpen um Hüfte und Brust darum stritten, um das letzte Mädchen freien zu dürfen...

Den einheimischen kulinarischen Genüssen liegen fast ausschließlich die verfügbaren regionalen Zutaten zugrunde. Fisch, Gemüse, Obst, Fleisch und Wild liefern Seen, Wälder und Felder in Hülle und Fülle. Die eigentlichen Spezialitäten sind sehr deftig und bäuerlicher Herkunft. Durch die Verwertung einfacher Zutaten dokumentieren sie auch Sparsamkeit und Armut der Vorfahren, was heute allerdings aus Unkenntnis mit natürlicher Schlemmerei verwechselt wird. Als Beispiel kann hier der Kärntner

Ritschert angeführt werden, ein Eintopfgericht aus Gerste und Bohnen, einem Stück Schweinebauch, Sellerie, Salbei und gekochtem Fleisch. Das herzhafte Gericht wird mit Schwarzbrot verzehrt.
Ein Beleg für kulturelle Verbindungen bis weit über die Karawanken hinaus scheint die Vorliebe für Polenta zu sein. Das aus dem Spanischen stammende Maisgericht findet man in ähnlicher Form auch in den bäuerlichen Haushalten des Balkans. Polenta ißt man zu Wildragout, Gulasch oder auch einfach nur zu Sauermilch.
Gaststätten, Hotels und Jausenstationen haben sich neben den heimischen traditionellen Gerichten selbstverständlich auch den Blick über die Grenzen bewahrt. Die von Slowenien und Italien beeinflußte Kärntner Küche zeigt internationales Flair, wenn man die Speisekarten zwischen den Zeilen zu lesen vermag. So kann die Oberdrauburger Käsesuppe geschmacklich durchaus mit ihrer französischen Schwester, der Elsäßer Zwiebelsuppe, mithalten. Im Gegensatz zu dieser wird hier der Käse geraspelt mitgekocht, daher auch der andere Name, und die Suppenschalen werden zudem mit kleinen Markklößchen, Fleisch- und Speckknödeln mit viel Basilikum und Petersilie gefüllt.
Zu empfehlen ist auch die bekannte 'Forelle St. Hermagor'. Heimische Bachforellen läßt man in einem Sud aus Wasser und Wein mit Rosinen, Nelken und Mandeln langsam garen. Die abgetropften Forellen werden schließlich auf gehacktem Eis mit Petersiliensträußchen und der aus dem Sud bestehenden, verfeinerten Marinade (Salz, Pfeffer, Kräuter) angerichtet.
Eine kulinarische Besonderheit ist der gratinierte Hase 'Graf Sigismund' mit den zwischen den Hasenläufen angerichteten Rinderfilets und Hähnchenschlegel. Zusammen mit der Wildsauce und den dezenten Beilagen aus Wald und Wiese (Löwenzahnsalat, Buchweizenküchlein und wilde Preiselbeeren) entsteht eine hervorragende Geschmackskombination.

Kulturelles und Sport

Kärnten - ein Land der Maler? Viele bedeutende Künstler haben sich mit ihren Lebenswerken in Kirchen, Kapellen und auf Schreinen verewigt. Freskenmalerei ist ein historisch gewachsener Bestandteil der Kärntner Kunst. Die aus dem Mittelalter stammenden Malereien zieren die Außenwände von Kirchenportalen, Beinhäusern und Totenhallen. Unzählige Bildstöcke geben Zeugnis einer klerikalen Verbundenheit.
In Klagenfurt, Kärntens Hauptstadt, befinden sich ein Landesmuseum und eine Staatsgalerie. Sehenswert sind zudem das einzige Bergbaumuseum und seine Diözesankunsthalle. In Maria Saal gibt es ein Freilichtmuseum. Außerdem besitzen alle größeren Orte eigene, sehenswerte Heimatmuseen.

Während der Hauptsaison von Juli bis August übertrifft eine Festlichkeit die andere; der 'Carinthische Sommer' in Ossiach ist vielleicht eine der bedeutendsten. Komödienspiele in Spittal, Orgelmusikwochen in Millstatt und die Burghofspiele in Friesach laden zu vielfältiger Abwechslung ein.
Bedeutende Prozessionen an kirchlichen Feiertagen, wie die alljährliche Schiffsprozession auf dem Wörthersee am 15. August (Mariä Himmelfahrt), bekunden Tradition und Verbundenheit mit der geistlichen Obrigkeit.
Kärntner Kunst ist auch käuflich zu erwerben. Spitzendecken, Borten, Trachten sowie Glaskunst, Schnitzereien und Metallarbeiten (Kupfer- und Zinnkannen) sind beliebte Mitbringsel.
Über alledem sollten wir nicht unsere Kleinen vergessen. Der große Freizeitpark 'mini-mundus' in Klagenfurt ist ein beliebter Treffpunkt von Groß und Klein - und das nicht nur an Schlechtwettertagen!
Die 'kleine Welt' am Wörthersee beherbergt die maßstabsgetreuen Nachbildungen der berühmtesten Gebäude der Welt. Ein Zoo, die aufgestellten Arbeiten eines ehemaligen Bildhauersymposiums, Spielplätze, ein Reptilienzoo und ein Planetarium vermitteln Kurzweil, Spaß, Vergnügen und Bildung.
Großschachanlage, Radwege und ein eigens für die Touristen eingerichteter Fahrradverleih ermuntern zu körperlicher Bewegung.
Damit wären wir beim Sport, der in Kärnten auf mannigfaltige Art und Weise betrieben werden kann: Wandern, Bergsteigen, Skifahren, Eissport (Eishockey, Schlittschuhlaufen, Curling), Reiten (ausgezeichnete Möglichkeiten bieten hier Pötschach, St. Keitl und Villach), Tennis auf Freiplätzen und in Hallen, Bogenschießen und auch Flugsport (Drachenfliegen, Segelfliegen, Motorflüge). Die Wassersportarten nehmen im Seenland Kärnten traditionell eine besondere Stellung ein. Neben Tauchen, Segeln und Surfen wird auch Wasserskifahren großgeschrieben. Zu erwähnen ist noch, daß es sich in allen Seen bedenkenlos baden und schwimmen läßt. Vielerorts haben die Gewässer noch Trinkwasserqualität.

Klagenfurt

Klagenfurt ist Sitz der Kärntner Landesregierung. In der Stadt befinden sich die wichtigsten Schulen und ein Landeskonservatorium sowie eine Pädagogische Akademie.
Ein Stadthaus, eine Messehalle, ein Stadttheater und ein Konzerthaus bieten mannigfaltige Abwechslung im Bereich kultureller und wirtschaftsorientierter Veranstaltungen.
Die am Ostufer des Wörthersees gelegene Landeshauptstadt ist über Fernstraßen, Eisenbahn und den Flughafen Klagenfurt-Wörthersee mit allen Verkehrszentren Europas verbunden.
Alt-Klagenfurt wurde von Herzog Bernhard von Spanheim etwa um das Jahr 1246 gegründet. Die genaue Jahreszahl der Gründung ist nicht belegt. Jedoch datieren Hinweise auf eine Siedlung an dieser Stelle zurück bis ins Jahr 1161. Von einer Stadt konnte man aber damals sicher noch nicht sprechen. Im Jahre 1338 erhielt Klagenfurt vom Habsburger Albrecht II. das Stadtrecht. Man umgab die Stadt mit einer Mauer und sanktionierte das seit 1268 bestehende Stadtwappen mit dem Lindwurm. Der Name Klagenfurt wird von einer Furt der Glan abgeleitet, an der es immer wieder zu Unfällen kam, die Anlaß zur Klage gaben.
1514 vernichtete eine Feuersbrunst fast die gesamte Stadt. Der Herzog von Kärnten und die Landesstände baten daraufhin den Kaiser Maximilian I., ihnen diese Ruinenstadt zu schenken, was dieser angesichts des verheerenden Zustandes von Klagenfurt auch ohne Zögern tat. Klagenfurt wurde somit die einzige Stadt in Privatbesitz und daraus resultierend eine bedeutende Stadt und Festung. Die Herren Klagenfurts ließen nichts unversucht, ihren Besitz zu schmücken, zu vergrößern und zu bereichern.
In dieser Zeit erfuhr die Stadt die bedeutendsten Veränderungen durch friulanische Architekten, Baumeister und Stadtgestalter. Im wesentlichen stammmen viele der noch heute bedeutenden Baudenkmäler aus dieser Zeit.
Durch verschiedene Eingemeindungen gewann Klagenfurt schließlich an räumlicher Ausdehnung. Eine besondere historische Sehenswürdigkeit ist der von 1527 bis 1558 angelegte Lendkanal, der ursprünglich gebaut wurde, um den vor den Stadtmauern liegenden Festungsgraben mit Wasser zu speisen.
Jahrhundertelang diente die 4,5 km lange Wasserstraße als Wirtschaftsverbindung zwischen den Siedlungen am See und der Stadt. Heute ist der Lendkanal ein Schnorchel-, Bade- und Tauchgewässer mit großem Fischbestand und herrlich bewachsenem Grund. Im Lendkanal liegen im Schlamm noch viele Artefakte, historische Waffen und alter Hausrat. Eine Uferpromenade führt von der Stadt bis zum See.
Noch zwei Punkte, die der Erwähnung wert sind: Klagenfurt hat Österreichs größtes Strandbad und besitzt gleichzeitig den modernsten Campingplatz der Alpenrepublik.

Hochosterwitz

Einer Märchenburg gleich erhebt sich die Festung Hochosterwitz bei St. Veit im Glantal. Sie ist Österreichs am besten erhaltene Wehranlage. Wegen ihrer einmaligen Kulisse, dem verbliebenen Hauch von Mittelalter und Rittertum wählte Walt Disney Hochosterwitz als Zeichenvorlage für seinen Schneewittchen-Film.
Die mit vierzehn Wachtürmen versehene Trutzburg galt früher als uneinnehmbar. Eine sehenswerte Waffensammlung steht den Besuchern offen.
Im 16. Jahrhundert erwarb die Familie Kherenhüller diesen Besitz, der auch noch heute ihr Eigentum ist.
Wanderer, die den 160 m hohen Felsenkegel zur Burg bestiegen haben, können sich im Burghof mit Erfrischungen von dieser Anstrengung erholen. Der Rittersaal ist zu einem Restaurant ausgebaut, in dem Speis und Trank von Kellnerinnen in mittelalterlicher Tracht serviert werden.
Zu besonderen Anlässen und Festlichkeiten treten Wachen und Knechte, ebenfalls in mittelalterliche Kostüme gekleidet, in Aktion, so daß sich der staunende Tourist um einige Jahrhunderte zurückversetzt fühlen kann. Der erste Burgherr Georg Kherenhüller wurde im Burgmuseum als kniender Ritter lebensgroß in Holz verewigt.
Noch ein Wort zu St. Veit: Kärntens erste Hauptstadt und ehemaliger Sitz der Herzöge ist sicherlich Mitteleuropas reichste Stadt an Schlössern, Burgen, Festungen, Ruinen und Wehrbauten, wenn man auch die nähere und weitere Umgebung mit einbezieht. Unbestreitbar war St. Veit im Mittelalter der Ort, an dem höfische Kunst, wie Minnesang (Walther von der Vogelweide), und klerikale Bildung sich ein einzigartiges Stelldichein gaben. Von diesen geschichtlichen Begebenheiten zehrt St. Veit bis in die heutige Zeit. Die Österreichischen Kulturtage, das Kärntner Volksliedsingen und der Wiesenmarkt, den es seit 1362 (!) gibt, und der am 29. September stattfindet, lassen die alten Zeiten immer wieder aufleben.

Tauchen macht Spaß in den warmen Gewässern Kärntens

Tauchschule ATLANTIS in Krumpendorf

Die Ausbildung erfolgt nach UDI-Richtlinien. Basenleiter Ferdinand Strutz legt besonderen Wert auf die spezifischen Eigenheiten des Süßwassertauchens, wie Trockentauchen, geänderte Nullzeiten in Bergseen sowie die Gefahren des Tauchens in trüben, dunklen und kalten Gewässern. Das Kursprogramm führt über den Schnorchel-Tauchkurs zum Gerätetraining und dann zum speziellen Tauchtraining mit Rettungswesten zum Trockentauch-Training.

In allen Kursen ist die Ausrüstung im Preis enthalten. Ferdl erteilt auf Wunsch auch Unterricht für Einzelpersonen. Ihm zur Seite steht ein ausgebildeter Assistent.

Für den Verleih stehen 10 komplette Tauchausrüstungen - Flaschen, Anzüge, Automaten, Westen - zur Verfügung. In der Basis können auch kleinere Tauchutensilien erworben werden, wie z.B. ABC-Ausrüstung, Messer, etc. Für Interessierte führt Ferdl eine kleine Bibliothek zum Thema 'Tauchen', u.a. verschiedene Tauchmagazine und biologische Literatur. Entferntere Tauchgebiete werden mit einem Bus angefahren.

Vorteilhaft sind der private und eigene Zugang zum Wörthersee beim Gästehaus

'Inge' (gehört Ferdls Mutter) sowie die daneben gelegenen Seebungalows 'Wedenig', von denen aus man ebenfalls einen direkten Zugang zum Wörthersee hat.
Ferdl besorgt auf Anfrage sämtliche Quartiere, reserviert Parzellen auf dem hiesigen Campingplatz oder vermittelt Privat-Appartements und Hotelunterkünfte. Bei entsprechender Beteiligung veranstaltet die Tauchschule ATLANTIS auch spezielle Film- und Fotokurse für Süßwasserfotografen und -filmer. Die Lehrgänge enden auf Wunsch mit Prüfung und Zertifikat.
Für Süßwasserenthusiasten, denen nichts wild genug sein kann, organisiert Ferdl ganz außergewöhnliche Bergseetauchwochen. Die Exkursionen führen hier in die höchsten Regionen, die Ausrüstung muß gelegentlich auch getragen werden. Wenn Sie außergewöhnlich gute Sichtweiten in Verbindung mit Urlaubsspaß, Abenteuer und intensivem Tauchgefühl lieben, sollten Sie sich Ferdls Kristallgewässer in den Kärntner und norditalienischen Alpen näher ansehen.
Wer die Tauchschule nur aufsucht, um seine Luftdruckflaschen zu füllen, wird mit zwei großen Industriekompressoren konfrontiert, die im Handumdrehen eine 10er Flasche auf 200 bar drücken. Wartezeiten werden zudem durch Überströmen aus Großflaschen verkürzt. Aber Zeit für ein Schwätzchen hat Ferdl allemal...
Zur Tauchschule gehört auch das eigentliche Basengelände neben dem Bad Stich, Koschatweg 69a. Das 2,5 ha große Gelände liegt direkt am Wörthersee. Ein 33 m langer Badesteg führt über die Schilfzone hinaus, wo in 5, 10 und 15 m Tiefe drei Plattformen von 4 x 4 m versenkt sind. Neben Parkmöglichkeiten sind ein Schulungsraum, ein Geräteraum sowie Küche und Schlafgelegenheiten für vier Personen vorhanden.

Anschrift:

Ferdinand Strutz
Tauchschule ATLANTIS
Postfach 45
Bad Stichstraße 22
A-9201 Krumpendorf - Wörthersee
Telefon: (0043) 4229 - 2229 (von Deutschland aus)
04229 - 2229 (in Österreich)

DIE KÄRTNER GEWÄSSER UND IHRE BEWOHNER

Stehende Gewässer

Man teilt sie in verschiedene Kategorien und Typen ein. Bei stehenden Gewässern unterscheidet man nach natürlich gewachsenen Seen, Baggerseen, Stauseen, Kiesgruben, Weihern, Zierteichen, Tümpeln, Schotterteichen, Quelltöpfen, Auwaldseen und Lacken sowie Regenlöchern und Pfützen.
Die Übergänge sind allerdings fließend, und nicht immer ist eindeutig zu klären, welcher Gewässertypus vorliegt.

Natürlich gewachsene Seen sind fast immer tiefer als 5 m. Sie sind sehr alt, und die Wasserflächen sind relativ groß, obwohl gerade die Ausdehnung kein Kriterium für die Gewässerbestimmung ist. In den eigentlichen Seen liegen -weil oft über Generationen Menschen an ihren Ufern gelebt haben - viele Bäume, künstlicher Forstbruch und Zivilisationsrückstände (Geschirr, Waffen, Hausrat, etc.); außerdem sind dort häufig Pfahlbausiedlungen zu finden.
Flora und Fauna sind über Jahrzehnte hinweg gewachsen und gehören in biologischer Hinsicht zu exakt diesem Gewässer. Der Vegetationsgürtel umfaßt die verschiedenartigsten Gewächse bis hinab in mehrere Meter Tiefe. Die Uferzonen sind außerdem der Lebensraum zahlreicher Fischarten. In großen Seen ziehen auch Freiwasserfische in großen Schwärmen umher. Bei genügend großer Population und Besatzdichte kann ein Auskommen in der Berufsfischerei möglich sein.
Verschiedene Sprungschichten drücken die Wassertemperatur bis hinab auf 4 °C. Zum Tauchen eignen sich die natürlich gewachsenen Seen eigentlich immer. Aufgrund ihrer Tiefe und Größe sind sie auch geeignete Gewässer für große Tauchergruppen (An- und Abtauchen, Prüftauchgänge, etc.). Die Sichtweiten in großen Seen reichen selten über die 10-m-Marke hinaus.

Baggerseen stellen das künstliche Pendant zum natürlichen See dar. Ihre Entstehung ist vom Menschen gewollt, also künstlich herbeigeführt. Die Baggerseen entstehen in der Regel aus rein kommerziellen Erwägungen. Der für den Straßenbau erforderliche Kies wird durch Ausbaggern und mit Hilfe großer Schwimmbagger gewonnen; die hierbei entstehenden Vertiefungen (bis zu 50 m) füllen sich mit Grundwasser. Es gibt demzufolge Baggerseen, die in Tiefe und Oberflächenausdehnung manchen 'alten' See übertreffen.
Man erkennt einen Baggersee immer an den kiesigen Steilufern. Nichtschwimmer seien gewarnt vor der Gefahr des abrutschenden Kiesufers und dem abrupten Abfall des Seegrundes.

Die wirtschaftliche Ausbeutung großer Kiesflächen unter Zurücklassung der Baggerseen ist für den Grundwasserspiegel von nicht unerheblicher Bedeutung. Fachleute warnen deshalb davor, diesen Gewässertyp unkontrolliert zu vermehren, weil der natürliche Wasserhaushalt bedenklich gestört werden kann.
Baggerseen werden in zunehmendem Maße von den Gemeinden zu Freizeitanlagen umgestaltet. Surfer, Badegäste, mitunter Segler und auch viele Taucher verhindern ungewollt durch ihre Freizeitaktivitäten, daß sich der Baggersee biologisch entwikkeln kann. Nur in alten und ruhenden Baggerseen bildet sich die Uferzone -im biologischen Sinne - ideal aus. Ansonsten herrscht weitgehend Tristesse: endlose Kies- und Schlammflächen, wenig Abwechslung in der Morphologie des Seebodens. Der Fischbestand ist künstlich und so aufgebaut, daß er dem bewirtschaftenden Angelverein den größtmöglichen Nutzen bringt. In Baggerseen fehlen daher fast immer Fischarten, die keinen ökonomischen Vorteil bringen (Elritzen, Schmerlen, Moderlieschen u.a.).
Ist der Baggersee groß, kann er ohne Bedenken von Tauchergruppen besucht werden. Bestimmte Uferstellen sollten - eventuell mit Astwerk angereichert -den Fischen als Laichzone und Ruheplatz bleiben. So gesehen kann man in Baggerseen seinem Hobby frönen, auch wenn die Sichtweiten nur in seltenen Fällen 5 m überschreiten.

Stauseen werden, wie der Name schon sagt, angestaut; immer zum Zweck der Wasserregulierung, der Stromgewinnung oder als Trinkwasserspeicher. Ihre Entstehung verändert die Landschaft mit Sicherheit nicht zum Besten. Stauseen sind mitunter sehr tief, gelegentlich über 50 m. Ihr Wasser ist dunkel, trüb, kalt und ohne sonderlichen Reiz. Hochgebirgsstauseen haben im Frühjahr, während der Schneeschmelze, ein milchig-grünes Wasser; die Sicht ist dann gleich Null.
Die meisten Fische in angestauten Seen gehen auf Besatzversuche zurück, weil diese Gewässer häufig sogleich von einem der zahlreichen Angelvereine gepachtet werden. Auf großen Stauseen ist Rudern, Segeln und Surfen erlaubt.
Infolge der Erdbewegungen und vieler Gesteinsmassen in der Uferregion ist der Bewuchs meist ziemlich dürftig. Mehr als einige schwach bewachsene Flachwasserzonen sind daher kaum zu finden.
Taucherisch gesehen haben Stauseen den Vorteil, daß auch Großvereine und Massentaucherei der UW-Welt hier wenig Schaden zufügen können. Sie sind einerseits für Prüftauchgänge wegen ihrer Tiefe beliebt, andererseits können sie Anfängern aufgrund der schlechten Sichtverhältnisse und des eventuell zurückgelassenen Arbeitsmaterials (Drahtverhaue, Eisenmatten, Stacheldraht, gesprengte Bäume etc.) gefährlich werden.
Lusttauchgänge, Film- und Fotopirsch sowie Schnorchelausflüge erfüllen hier nur ganz selten irgendwelche Hoffnungen.

Gegenlicht verleiht den Gewässern ungewöhnliche Reize

Viele Stauseen beherbergen bizarre UW-Landschaften

Zwischen den Schilfstengeln versteckt unter wie über Wasser ein reichhaltiges Leben

Seerosenfeld im Wörthersee; bitte nicht durch die Pflanzen schwimmen!

Kiesgruben sind die kleineren Geschwister der Baggerseen. Ihr Durchmesser beträgt selten mehr als 50 m und die maximale Tiefe liegt bei 5-8 m. Wegen des geringen Wasservolumens ist ein kommerzieller Badebetrieb nicht möglich. Surfen und Bootfahren scheiden ebenfalls aus.
Vielen Kiesgruben ist gemein, daß ein Grundwasserzufluß vorhanden ist. Die Sicht ist daher meist besser als in Baggerseen - allerdings sind die Wassertemperaturen auch niedriger. Der Vegetationsgürtel ist fast immer ausgezeichnet - abwechslungsreich bis in mehrere Meter Tiefe. Beträgt die maximale Tiefe nicht mehr als 5 m, so können die Pflanzen das Gewässer völlig vereinnahmen. Kiesgruben sind stark von der Veralgung bedroht. Haben die Algen erst einmal Besitz von diesen Kleingewässern ergriffen, so schwimmt der Taucher binnen weniger Jahre nur noch durch einen Dschungel aus Algenfäden und verfilzten Pflanzenresten.
Fische gibt es nur, wenn sie eingesetzt wurden. Eine Artenvielfalt ist nicht zu erwarten. Hat ein Angelverein das Gewässer gepachtet, so dürften Sie nur Nutzfische antreffen, denn ein etwaiger Gewinn aus dem Besatz geht bedauerlicherweise immer der biologischen Zweckmäßigkeit vor. Ist das Wasser kalkhaltig, findet man mitunter auch Krebse.
Mannigfaltig kann das Leben in den Schilfgürteln und im Bereich bis zu 2 m Tiefe in Bezug auf Pflanzen sein. Auch Wasserkäfer, Wasserasseln, Milben, Frösche, Unken und Wasserwanzen lieben die flachen Kiesgruben, bieten diese ihnen doch alles, was sie zum Leben brauchen, noch dazu in relativ klarem und sauberem Wasser. Für Taucher sind Kiesgruben mehr ein Freizeitspaß, der eine interessante und abwechslungsreiche Makrofotografie ermöglicht. Es sollten nie mehr als eine Handvoll Taucher ins Wasser steigen, damit die eigenwillige Struktur und der Gesamthaushalt dieser Miniseen nicht zu sehr beeinträchtigt werden. Eine Kiesgrube ist daher als Hausgewässer eines Tauchclubs ungeeignet.

Die meist idyllisch gelegenen **Weiher** sind bildhaft gesprochen die Laboratorien der Natur. Die geringe Tiefe, die kleine Wasseroberfläche und die im Sommer stark erwärmten Wasserschichten lassen ein üppiges Leben gedeihen. Seerosen und Teichrosen sind in naturbelassenen Weihern häufiger zu finden als in anderen Gewässern. Zwischen den bis zum Grund reichenden Stengeln findet man Hechte, Schleien und Barsche. Auch die Kleinfauna ist vielfältig und zahlreich vertreten. Für Wasserfrösche, Muscheln, Libellenlarven und Wasserschnecken sind die Weiher ein Refugium geworden.
Eigentlich sind Weiher ehemalige Seen, die von der Verlandung bedroht sind. Die Ufer sind oft sumpfig und dienen Stechmücken, Bremsen, Schnaken, Libellen und vielen Wespenarten als Brutgebiet.
Taucher sollten sich an Weihern niemals gewaltsam den Weg durchs Schilf ans Wasser bahnen, weil dadurch Brutkolonien seltener Wasservögel gestört werden

könnten. In den flachen Weihern mit ihrem vielfältigen und pulsierenden Leben tummeln sich Wildenten, Bläßhühner und Tauchenten.
Tauchen in Weihern ist eine Sache der Überlegung und Planung. Keinesfalls dürfen zuviele Taucher diese Gewässer zur gleichen Zeit besuchen. Das geringe Wasservolumen kann die aufgewirbelten Schlammteilchen nur begrenzt 'verdauen' - Kleinweihern muß man immer eine Regenerationszeit von 10 bis 14 Tagen geben, insbesondere dann, wenn Seerosenfelder betaucht werden. Weiher sind ungeeignet für Tauchübungen und kein Übungsterrain für Anfänger. Der Umgang mit Weste oder Jacket muß aus dem Effeff beherrscht werden.
Dagegen sind sie die idealen Gewässer für Filmer, Fotografen und Verhaltensforscher, denn die geringe Größe der Weiher erlaubt das hautnahe Beobachten der verschiedenen Tiergruppen bei akzeptabler Sicht und angenehmer Wassertemperatur. Weiher bieten sich außerdem für das Wiedereinbürgern regional erloschener Wasser- und Uferpflanzen an.

Mit **Zierteichen** und **Nutzteichen** will der Mensch das nachahmen bzw. vervollkommnen, was ihm die Natur vorgegeben hat. Der Zierteich ist ein Produkt von Menschenhand, geschaffen zum Zeitvertreib und zur Freude seines Besitzers.
Solche Teiche sind stets von geringer Tiefe, maximal 2 m, aber von unterschiedlicher Ausdehnung; je nach Vorstellung des Besitzers von nur einigen Quadratmetern bis zu einem Durchmesser von nahezu 50 m, wenn Fische kommerziell gezüchtet werden (Fischzuchtanlagen). Fischteiche unterscheiden sich in ihrer Gestaltung grundsätzlich von Gartenteichen. Ist in letzteren ein vielfältiger und dichter Pflanzenbewuchs der Stolz des Gartenbesitzers, so sind Wasserpflanzen im Fischteich unerwünscht. Ertrag geht vor Schönheit. Der Untergrund im Gartenteich besteht entweder aus Beton oder einer Kunststoffunterlage (Folie). In Fischteichen mit größerer Fläche herrscht natürlicher Boden vor. Ein Kriterium für die Benennung 'Teich' ist das gezielte Auffüllen und Ablassen des Wassers, entweder zur Reinigung des Teichbodens oder auch zum Zwecke des Abfischens (in der Fischzucht von besonderer Wichtigkeit zur Eliminierung von Parasiten).
Bevorzugter Fisch im Gartenteich ist der Goldfisch. Robust, wintertauglich, genügsam und äußerlich attraktiv gibt es Millionen dieser schwebenden Kiemenatmer in Privathand. In Zierteichen finden sich ebenso häufig Molche und Unken ein. Auch der berüchtigte Gelbrandkäfer wählt des öfteren die flachen Teiche für seine Raubzüge aus. Kleinlebewesen besiedeln ohne Zutun des Teicheigners innerhalb kürzester Zeit das Wasser. So wird ein Biotop geschaffen, das jeden erfreut, der diese für den Naturhaushalt so wichtigen Amphibien und Insekten ohne wirtschaftlichen Nutzen zu schätzen gelernt hat.
Es ist wohl überflüssig zu sagen, daß Teiche fürs Tauchen ungeeignet sind. Schnorcheln ist eigentlich das höchste der Gefühle, mehr geht nicht, weil diese Gewässer

Die Rotbauchunke ist vielerorts vom Aussterben bedroht

Wasserfrösche sind ungeheuer flink, meist sieht man nur ihre fliehenden Schatten

Der Bergmolch kommt im Gebirge bis in 3.000 m Höhe vor

Erdkröten sind nur kurze Zeit während ihrer Fortpflanzung im Wasser anzutreffen

nicht für den Wassersport geschaffen werden. Trotzdem kann man darin interessante Film- und Fotosequenzen von scheuen Fischen, z.B. in einem Forellenteich, und seltenen Lurchen aufnehmen. Hat der Teich einen Klarwasserzufluß, wird die Sicht im Kunstbecken meist ausreichen.
Zierteiche sind übrigens keine Marotte von reichen Leuten und Großgartenbesitzern. Auch der kleinste Teich ist heute Zufluchtsstätte bedrohter, seltener Wassertiere, für die ein Überleben ohne diese Gewässer leider kaum noch möglich sein dürfte.

Ähnlich im Größenvergleich ist der **Tümpel** anzusehen, allerdings ist sein biologischer Haushalt naturgegeben. Auch ist die Höhe des Wasserspiegels abhängig von den natürlichen Niederschlägen.
Tümpel weisen deshalb, jahreszeitlich bedingt, unterschiedliche Pegelhöhen auf. Als maximale Tiefe wird 1 m festgesetzt. Alle Lebewesen in Tümpeln müssen darum mit einer relativ geringen Wassermenge auskommen - große Fische wie Hecht, Karpfen, Schleie etc. fehlen aus diesem Grund völlig.
Man findet allenfalls einmal einige Moderlieschen, einen Schlammpeitzger oder einige Gründlinge. Es wird jedoch so sein, daß in vielen Fällen keine Fische vorhanden sind. Dafür wimmelt es von Molchen, Käfern und Wasserasseln. Auch der gefürchtete Rückenschwimmer, eine Wasserwanze mit Stechrüssel (Vorsicht: sticht wie eine Wespe!), lauert unter der Oberfläche treibend.
Leider werden die an den Verkehrsstraßen liegenden Tümpel immer wieder von gedankenlosen Zeitgenossen als Müllkippen mißbraucht. Autoreifen, mit Abfall gefüllte Plastiktüten und anderer Zivilisationsunrat treiben dann in dem für viele Wasserbewohner wichtigen und oft einzigen Lebensraum. Durch Chemikalienablagerungen kommt es dann entweder zur Totalvernichtung des gesamten Tümpellebens (einschließlich der Pflanzen), oder es treten Genveränderungen (Mutationen) auf (Kröten mit sechs Beinen und zwei Köpfen) sowie Instinkt- und Milieuschädigungen, z.B. verstärkter Kannibalismus.
In Tümpeln kann man nicht tauchen, dazu sind sie zu klein. Schnorchelbeobachtungen sind mit Einschränkungen möglich, aber auch nur dann, wenn das Wasser klar ist. Fast immer setzt die Trübheit dem Beobachtungsdrang natürliche Grenzen. Liegen die Tümpel in der Nähe von Flußniederungen, werden die Wasseroberflächen mitunter von dicht stehenden Schilfhalmen fast völlig verdeckt, was dann selbst Beobachtungen vom Ufer aus sehr erschwert. Dem Schutz von Tümpeln kommt besondere Bedeutung zu, weil dieser Gewässertyp durch Flurbereinigungen sowie Städte -und Straßenbau ohnehin extrem gefährdet ist.

Im allgemeinen ist der Begriff **Schotterteich** in etwa identisch mit dem Wort Kiesgrube, doch wird in diesem Fall nach der Wassertiefe unterschieden. In Schotterteichen beträgt sie selten mehr als 2 m, die Wasserfläche erstreckt oft über

viele hundert Quadratmeter. Schotterteiche eignen sich, sofern keine Grundwasserquellen vorhanden sind, für sommerlichen Badebetrieb, obwohl diese Belastung der Fauna eigentlich nicht gut bekommt.
In Schotterteichen gedeihen viele seltene Wasserpflanzen und auch empfindliche Fische halten sich. Private Schotterteiche werden nicht selten zu Forellenzuchtanstalten umfunktioniert. Darin zu tauchen und zu fotografieren ist ein Genuß. Schotterteiche, auch die großflächigen, sollte man nur mit kleinen Tauchergruppen besuchen. Diese Maßnahme dient der Erhaltung der Gewässerstruktur. Keinesfalls ist es angebracht, in schön bewachsenen Schotterteichen Tauchübungen und Anfängerausbildung zu betreiben. Läßt man die flachen Schotterteiche unberührt, schreitet im Laufe der Jahre von den Flachstellen aus die Verlandung in Richtung Gewässermitte voran. Inmitten der verlandeten Flächen gedeiht des öfteren Wasserschlauch; das sind einheimische fleischfressende Süßwasserpflanzen der Gattung *Utricularia*.

Von gänzlich anderer Art ist der **Quelltopf**. Er zählt zu den seltensten Gewässerarten. Sein Wasser ist eiskalt und fast durchsichtig. Je nach Quellenkategorie schimmert sein Wasser grünlich oder bläulich. Der Wasserausstoß kann von einigen Kubikmetern pro Stunde bis zu mehreren tausend Kubikmetern pro Minute schwanken. Einige der Quelltöpfe weisen daher ganz bedrohliche Dimensionen auf - bis zu 30 m tief und mehrere 100 m lang. Die Riesen unter den Quelltöpfen sind wegen der gewaltigen Wasserzufuhr eigentlich keine stehenden Gewässer mehr, weil darin immer eine leichte Strömung in Richtung Abfluß herrscht.
Es gibt einen charakteristischen Fischbestand in Quelltöpfen, da die Wasserbeschaffenheit mit der der Forellenregion stark verwandt ist. Salmoniden, Elritzen, Aalrutten und Äschen sind in den Quelltrichtern häufig anzutreffen. Zwischen Quellmoos und flutendem Hahnenfuß verstecken sich Groppen und Schmerlen. Taucherisch gesehen ist der kleine Quelltopf ein echter Leckerbissen. In der ungeheueren Transparenz (oft 50 m und mehr) gipfelt der Tauchsport in einem einmaligen Erlebnis. Flitzende Forellen erscheinen hautnah, unwirklich dringt das Licht bis zum Grund, Pflanzen und Algenbüschel leuchten in hellen, klaren Farben, die UW-Fotografie kann ähnlich unproblematisch wie die Fotografie an Land vollzogen werden.

Bevor Sie in einen Quelltopf steigen, müssen Sie sich nach dem Wasserverwendungszweck erkundigen. Viele der sprudelnden Kessel sind der Trinkwasserversorgung angeschlossen. In diesem Fall herrscht hier natürlich absolutes Bade- und Tauchverbot.

Treten Flüsse über die Ufer und sammelt sich dieses Wasser in tiefen Kuhlen zwischen Bäumen und Sträuchern, so spricht man im übertragenen Sinne von **Auwaldseen**, den

Kleinoden der Flußniederungen, den transparenten Perlen, die übers Jahr von Sickerwasser gespeist werden, durch die man quer hindurchsehen kann.
Tannwedelwälder unter Wasser, Laichkraut, Wasserknöterich, Tausendblatt und Wasserpest - Pflanzen in Hülle und Fülle und in solcher Dichte, daß ein Durchtauchen fast unmöglich ist. Kaum ein Gewässer bietet eine derartige Vielfalt der Flora. Und wo viele Pflanzen sind, gibt es auch ein interessanten Fischbestand. Allerdings nur bis zum Frühsommer. Die Fische dringen im Frühjahr zu den Laichplätzen vor (über Kanäle und Rinnen). Riesige Hechte, Schleienpärchen, Weißfischschwärme und auch Karpfen besuchen dann die Auwaldseen. Trotz der schlechten Futtermöglichkeiten (wenig Schwebestoffe, teilweise reduzierter Sauerstoffgehalt) halten die Fische einige Monate aus, bis der Nachwuchs gezeugt ist.
Man unterscheidet selbstverständlich permanente Auwaldseen, deren Faunabestand gewachsen und biologisch fixiert ist - dort ist ein Abwandern der Fische nicht möglich - von variablen Auwaldseen, deren Wasserspiegel und Tierbestand von Überschwemmungen, Quellzuflüssen und Sickerwasser abhängen. Letztere sind immer klarer als die nur vom Regenwasser abhängigen. So herrlich das Tauchen im Auwaldsee auch ist, so beschwerlich ist meist der Weg dorthin. Sie liegen teilweise abseits der Fahrstraßen, manche sind nur mit Booten über Flußnebenarme erreichbar. Stechmücken, Sommerhitze, umständlicher Transport der Ausrüstung und durch Schranken versperrte Wanderwege sind Hindernisse, an denen so mancher geplante Tauchgang scheitern kann. Nicht zuletzt sind viele der Auwaldseen in Naturschutzgebieten gelegen oder gar selbst zum schützenswerten Biotop erklärt worden - ein Betauchen ist dann nur mit behördlicher Genehmigung möglich.

Nicht ganz eindeutig ist der Begriff der **Lacke**. Meist wird dieses Wort in bezug auf sehr kleine Bergseen verwendet. Lacken sind natürlich entstandene Gewässer, haben felsigen Untergrund, wenig Bewuchs, spärlichen Fischbestand (meist keinen) und sind sehr flach. Es gibt Lacken, die 200 m lang sind, bei einer Wassertiefe von 50 bis 70 cm und Sichtweiten von über 30 m. In heißen Sommern kann eine Lacke vollständig austrocknen.
Die Fauna und Flora in Lacken muß daher besonders widerstandsfähig sein. Einige der Flachgewässer erreichen in den Sommermonaten bei intensiver Sonneneinstrahlung Wassertemperaturen von über 30 °C. Im Winter dagegen geht die Eisschicht bis zum Grund. Nur die robustesten Pflanzen und Wassertiere überstehen eine solche Prozedur. Amphibien, Wasserinsekten und Wasservögel sind regelmäßige Bewohner und auch Besucher von Lacken. Tauchen ist in Lacken nur äußerst selten überhaupt möglich. Dagegen ist die Schnorchelfotografie eine interessante Tätigkeit. Viele der Lacken glänzen nämlich mit Supersichtweiten - sie sind immerhin für Landschaftsaufnahmen und auch deren Gegenteil, die Makrofotografie (Kleinlebewesen) außerordentlich gut geeignet.

Lackentauchen ist etwas für Individualisten, die bereit sind, ihre Schnorchelausrüstung und die Kamera durch die Bergwelt zu schleppen, und denen es nichts ausmacht, daß sie von Wanderern belächelt werden und auch innerhalb der Tauchszene als Sonderlinge abgetan werden.

Weder fürs Tauchen noch fürs Schnorcheln eignet sich das **Regenloch**. Klein kann es im Durchmesser sein, dafür recht tief. Entstanden sind Regenlöcher wiederholt durch Erdeinbrüche, aufgefüllt werden sie immer durch Regen. In Regenlöchern größerer Prägung kann man ertrinken. Für Nichtschwimmer und Kleinkinder stellen sie eine nicht zu unterschätzende Gefahr dar.
Sie sind der bevorzugte Aufenthaltsort von Fluginsekten, Wasserflöhen, Hüpferlingen und Rädertierchen. In einem Fingerhut voll Wasser aus einem solchen Regenloch wimmelt es wie in einer Ursuppe. Viele Aquarianer holen sich gelegentlich Wasser aus einem Regenloch und füttern damit empfindliche Wassertiere (Kaulquappen u.a.), für die eine Futterbeschaffung nicht immer einfach ist. Regenlöcher sind wie geschaffen für die Beobachtung und die Erforschung von Kleinstlebewesen. Oftmals wird man auch einem Wasserfrosch begegnen, der dort wie im Schlaraffenland leben kann.

Pfützen sind die kleinsten aller stehenden Gewässer. Nach Regenfällen bilden sie sich auf Wegen, Straßen und in Geländevertiefungen. So unauffällig diese Kleinstgewässer auch erscheinen, so interessant und gefährdet ist ihre Fauna. Pfützen sind häufig der Lebensraum von Gelbbauchunken. Diese vom Aussterben bedrohte Amphibie verbringt mitunter ihr ganzes Leben in Pfützen oder deren unmittelbarer Nähe. Nur beim genauen Hinsehen wird man die glitzernden Augen bemerken, die aus der dunklen Wasseroberfläche herausschauen.
Deshalb: Niemals aus Spaß, Zeitvertreib und Übermut mit Geländefahrzeugen, Moto-Cross-Maschinen oder anderen motorisierten Fahrzeugen durch Waldwegpfützen fahren - auch wenn das spritzende Wasser noch soviel Freude bereitet. Durch solche sinnlosen und völlig verfehlten Spielereien sind die Bestände der noch verbliebenen Unken aufs äußerste gefährdet.
Für Taucher ist es eine Frage von Ethik und Moral, nicht nur die wassersportfähigen Gewässer für schützenswert zu erachten, sondern auch die unscheinbaren und augenscheinlich nutzlosen Feuchtgebiete sowie die durch Regenwasser gespeisten letzten Zufluchtsorte bedrohter heimischer Wassertiere.

Die Fangblasen des Wasserschlauchs (Utricularia sp.) sind kleine, tödliche Fallen

Wahre Urwälder wuchern im bis zu 28 °C warmen Wasser

Der Forellenbarsch

Eine limnologische Rarität ist der im Wörthersee lebende Forellenbarsch (*Micropterus salmonides*). Wie er dort hineinkam, ist bisher ungeklärt, denn seine Heimat ist Nordamerika.

Es wird vermutet, daß Aquarianer oder Fischzüchter den Forellenbarsch vor vielen Jahrzehnten als Besatzfisch im Wörthersee heimisch gemacht haben. Für ein Aquarium eignet er sich nämlich kaum, es sei denn, es handelt sich um ein sehr großes! Denn er wird bei guter Pflege, reichlich Sauerstoff und angemessener Nahrung fast 1 m lang und erreicht ein Körpergewicht von 10 bis 15 kg. In den USA und in Kanada hat man solche Riesen schon gefangen - im Wörthersee dagegen ‘schaffen’ die Einwanderer bestenfalls 50 bis 60 cm. Obwohl er sich äußerlich von unseren bunten Flußbarschen unterscheidet, erkennt man ihn auch beim flüchtigen Betrachten als Vertreter der Barschfamilie. Durch die stachelige Rückenflosse, den leicht vorstehenden Unterkiefer und den seitlich gedrückten Körper ist die Familienzugehörigkeit kaum zu verleugnen.

Forellenbarsche sind Räuber, die im Erwachsenen-Stadium hauptsächlich von Fischen leben. Daneben erbeuten sie Krebse, Frösche, Kaulquappen, Wasserschnecken, Insektenlarven, Wasserkäfer und Fischlaich. Eigentlich sind sie aber Allesfresser, die in schlechten Zeiten eben auch mal ein Stück Brot nicht verschmähen.

Ihre Feinde sind die großen Hechte, der Zander und der Wels. Die wirtschaftliche Bedeutung ist gering, weshalb der Forellenbarsch auch wenig geangelt wird. Man findet die Forellenbarsche hauptsächlich in den Seerosenfeldern des Wörthersees. Hier sucht er Schutz und jagt aus der Dämmerung der großen Blätter heraus. Fotografisch ist sein Schuppenkleid unattraktiv, denn das blaßgrüne Aussehen läßt sich farblich kaum auf dem Dia vermerken (zumal im grünen Wasser). Angeblitzt schillern seine Schuppen wie Kronleuchterreflexe. Der Forellenbarsch ist außerdem ständig in Bewegung. Anvisieren, scharfstellen und in Ruhe komponieren - das ist fast unmöglich. Gute UW-Aufnahmen erfordern daher meist ein Zusammenspiel aus Geduld, Glück und Ortskenntnis.

In den Monaten März bis Juli baut das Männchen eine Laichgrube in etwa 1 bis 2 m Tiefe, die einen Durchmesser von etwa 1 m hat. Ausstaffiert wird die Kuhle mit Pflanzenresten, nachdem sie zuvor sorgfältig gereinigt wurde. Bis zu 4.000 Eier legt das Weibchen dann hinein. Während der 14tägigen Brutdauer wachen beide über den Laich. Auch nach dem Schlüpfen der Jungfische werden diese noch etliche Wochen lang behütet, bis sie mit etwa 10 cm Länge sich selbst überlassen werden. Kannibalismus findet während der Aufzucht nicht statt. Geschlechtsreif werden Forellenbarsche ab einer Länge von 25 cm oder einem Mindestgewicht von 0,5 kg, fast immer aber im 3. Lebensjahr.

Wie alt ein Forellenbarsch werden kann, ist nicht genau verbürgt. Man schätzt, daß unter idealen Lebensbedingungen 15 Jahre die Obergrenze darstellen.

Was sieht der Fisch?

Es gibt Fische im Süßwasser, an die kommt man kaum heran - andere wiederum kann man fast berühren. Will man Fischaufnahmen gestalten, Filmszenen drehen oder auch nur interessiert beobachten, kann es von Vorteil sein, wenn man weiß, was dieser Fisch sehen kann, wie er sieht, welches Farbempfinden er hat.
Weitergehende Studien sagen dem Taucher, wo welche Fische zu finden sind; Unterschlupf, Tarnung, Farbkleid (z.B. beim Sonnenbarsch), Ruheplatz, Jagdrevier - dies sind Parameter, aus denen Fischkundler Rückschlüsse auf die Sinnesorgane der Fische ziehen können.
Lassen wir das hochempfindliche Seitenlinienorgan einmal außer acht, so sind die Augen die wichtigsten Hilfsmittel der Fische im Kampf um Nahrung und Überleben. Weil Wasser durchschnittlich 770mal dichter als Luft ist, sehen Fische anders als Menschen. Ihr Blickwinkel ist außerdem weitaus größer als der des Menschen.
Fische besitzen Augen, deren Linsen durch besondere Muskeln in ihrer Lage verändert werden können. Diese Linsenverschiebung dient der Weit- und Nahsicht, zum Orten der Beute und zur Erfassung sich nähernder Feinde.
Die auf das kugelförmige Linsenorgan fallenden Lichtstrahlen werden beim Übergang auf die Netzhaut nicht gebrochen, d.h. sie werden geradlinig weitergeführt, da das Fischauge denselben Brechungsindex (1.33) wie das Wasser aufweist. Fische sehen deshalb, wenn man sie aus dem Wasser nimmt, an Land alles unscharf und verschwommen. Es ist ungefähr so wie bei einem Taucher, der unter Wasser ohne Maske die Augen öffnet.
Weiter als die tatsächliche Sichtweite (Transparenz des Wassers) kann ein Fisch aus lichttechnischen Gründen nicht sehen. Er ist daher in seiner Weitsicht ebenso wie wir von der Reinheit des Wassers und vom Stand der Sonne abhängig. Allerdings kann der Fisch rundum sehen. Den besten und schärfsten Sichtwinkel haben Fische in dem Bereich, in dem sich die Sichtkegel der beiden Augen überschneiden. Dies ist je nach Lage der Augen verschieden. Der absolute Schärfewinkel beider Augen schwankt zwischen 30° bei stark seitlich versetzten Sehorganen (z.B. beim Barsch) und ca. 150° bei relativ oberständigen Augen (wie z.B. der Groppe).
Außerhalb der Schärfezone sieht der Fisch zwar noch sehr gut, aber seine Wahrnehmung ist doch eingeschränkt. Man kann sich daher manchem Fisch als Taucher ohne größere Probleme von unten (z.B. einem Hecht, der im Freiwasser steht) oder von hinten (Schleien) nähern. Erst wenn man in die absolute Schärfezone der Augen gelangt, wird das Tier unruhig und geht auf Distanz.
Ab einem bestimmten Grenzwinkel - im Süßwasser liegt er bei 48,5° - ist es keinem Lebewesen mehr möglich, aus dem Medium Wasser in die Luft zu sehen. Auch Fische unterliegen diesem Naturgesetz. Außerhalb des Grenzwinkels tritt Totalreflexion ein, d.h. alle Gegenstände spiegeln sich an der Wasseroberfläche bzw. der Luftunterseite total. Sie sind gewissermaßen optisch zweimal vorhanden.

Auge vom Hasel

38

Auge vom Zander

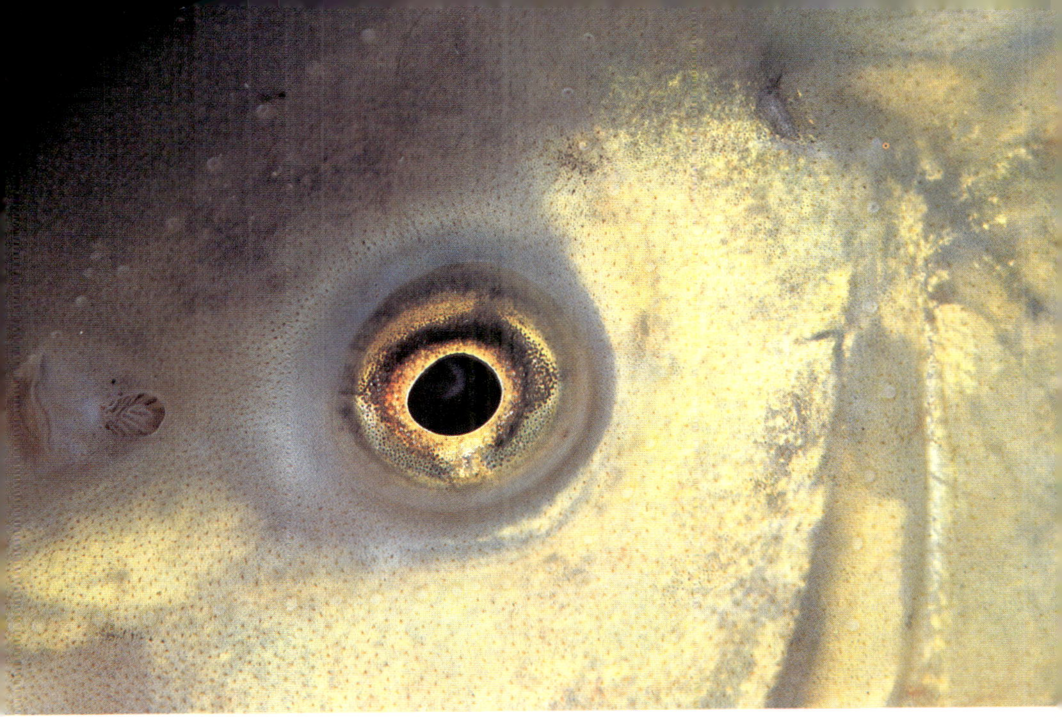

Auge von der Schleie

Auge vom Hecht

Da der Sichtkreis der Fische gemäß der Reflexionstheorie einen totalen Sehkegel von 2 x 48,5° = 97° absolut unter Wasser erfaßt (darüber beginnt dann die Totalreflexion), der sich an Land infolge der Refraktion des Tageslichtes auf sage und schreibe 160 bis 170° erstrecken kann (bei oberständigen Augen dicht unter einer glatten Wasserfläche), sehen Fische daher nach oben wie durch ein kreisrundes Fenster, in das die Überwasserwelt eingespiegelt wird. Kreisrund abzeichnende Kameraobjektive werden daher Fischaugenobjektive genannt. Ihr Bildwinkel beträgt ähnlich wie der der Fische 180°. In klaren Gewässern kann ein Fisch durchaus die gesamte Uferzone beobachten. Angler tarnen sich daher mit grünen Deckfarben und werden ärgerlich, wenn Spaziergänger und 'Kiebitze' Unruhe am Ufer verursachen.
Raubfische (visuelle Räuber) sind in großen Tiefen, wo wenig Licht vorhanden ist, in sehr trübem Wasser und bei dämmrigem Lichteinfall fast blind. Hechte, Zander, Barsche u.a. ruhen aus diesem Grund in der Nacht und jagen am Tage. Sie gedeihen aus dem gleichen Grund im Schmutzwasser weniger gut, wenngleich sie auch dort durchaus überleben können.
Während bei Räubern der visuelle Sinn eine primäre Rolle spielt - sie fliehen erst, wenn Sichtkontakt eingetreten ist - sind Karpfen und auch Döbel nur schwer vor die Linse zu bekommen, da sie eine Gefahr oder sich näherndes Unheil über den Geruchssinn und das Seitenlinienorgan wahrnehmen können. Friedfische benötigen daher kein klares Wasser, um zu überleben. Nachtaktive Fische haben größere Augen als der Durchschnitt der übrigen Fische. Bei den Aalen, die sich auf die Wanderung in die Sargassosee begeben, wachsen die Augen überproportional an. Gegenüber dem im Süßwasser in relativ flachen Zonen lebenden Gelbaal sind die Augen des im Meer wandernden Blankaals ca. 5mal so groß. Seine Wanderung im Meer findet in sehr großen Tiefen statt, in die nur noch winzigste Lichtmengen vordringen. Um diese wahrnehmen zu können, benötigt er so stark vergrößerte Augen.
Süßwasserfische schlafen mit offenen Augen, da ihnen die Nickhaut fehlt.
Müssen Fische sterben, wenn sie erblinden? Es kommt darauf an, ob es sich um einen Raubfisch oder um einen Friedfisch handelt, und ob die Erblindung total oder nur auf einem Auge eingetreten ist. Nach meinen Erfahrungen können Karpfen, Schleien und Weißfische durchaus überleben. Eigenen Beobachtungen zufolge bleiben die so gehandicapten Tiere doch in offenbar guter körperlicher Verfassung. Ein hohes Lebensalter ist ihnen allerdings nicht beschieden, da sie das Herannahen möglicher Feinde meist nicht schnell genug erfassen können. Blinde Fische kann man bei behutsamem Vorgehen sehr gut ablichten.
Total blinde Raubfische sind selten überlebensfähig. In der Regel muß ein Auge intakt sein. Halbblinde Hechte und Forellen sind mir schon einige begegnet, der körperliche Mangel äußerte sich eigentlich nur dadurch, daß diese Tiere im Bereich des gesunden Auges fast alle außergewöhnlich scheu waren. Vermutlich wird der Fluchtinstinkt dadurch verstärkt.

Das Farbsehen der Fische

Farbsehen ist für viele Fische eine Lebensnotwendigkeit und wird für den Kampf ums Überleben und zur Sicherung ihrer Existenz benötigt. Denken wir nur einmal an das sich färbende Stichlingsmännchen, an die Laichausschläge der verschiedenen Weißfischarten und das Tarnkleid der Räuber in Seen, Tümpeln und Teichen, das es ihnen erst ermöglicht, eine Beute zu erhaschen.
Ins Wasser eindringende Lichtstrahlen werden gebrochen, reflektiert, gestreut und absorbiert. Je tiefer das Licht eindringt, desto stärker werden diese physikalischen Effekte spürbar. Auch in klarsten Gewässern hat das Tageslicht schon in wenigen Metern Wassertiefe nur noch 30 % seiner ursprünglichen Intensität. In trüben, d.h. sedimenthaltigen Gewässern herrscht deshalb aufgrund der Diffusionsbildung auch am Tage ein permanenter Dämmerungszustand.
Im Farbenspektrum wird Rotlicht wegen seiner größten Wellenlänge zuerst ausgefiltert. Die selektive Abnahme der Farben ist von der Wassertiefe abhängig. Befindet sich ein roter Gegenstand unter Wasser in 5 m Tiefe oder in 5 m Entfernung, kann weder ein Fisch noch ein Mensch die Farbe Rot als solche erkennen.
Die Rezeptorschicht des Fischauges besteht aus Zapfen und Stäbchen. In der mikroskopischen Analyse gehen die Zahlenwerte einzelner wissenschaftlicher Untersuchungen teilweise beträchtlich auseinander. Die nachfolgenden Daten sollten Sie deshalb nur als Mittelwerte betrachten.
Zapfen und Stäbchen haben verschiedene Funktionen. Während die Zapfen ausschließlich auf die Erfassung von Farbtönen ausgerichtet sind, sprechen die Stäbchen mehr auf Hell- und Dunkeltöne an. Sie dienen gleichsam dem Erfassen schwarzweißer Kontraste und der Aufnahme schwacher Lichtimpulse.
So hat man beim Aal durchschnittlich nur 7 Zapfen gezählt, aber bis zu 150 Stäbchen. Der Aal hat demzufolge nur ein mittleres Farbsehen, aber ein hervorragendes Kontrastempfinden. Als nachtaktiver Fisch, der bei der Wanderung zum Laichplatz in großen Tiefen dahinzieht, ist er damit bestens ausgerüstet. Als schlechter Farbenempfänger gilt die Brasse mit 3 bis 4 Zapfen, aber 80 Stäbchen. Brassen unterscheiden somit vorrangig Hell- und Dunkeltöne.
Die Elritzen dagegen kann man als ausgezeichnete Farbenseher bezeichnen. Mit 13 bis 15 Zapfen stehen sie in den Listen ziemlich oben. Auch hat man festgestellt, daß diese winzigen Flitzer geometrische Muster schwierigster Art wie Kreis und Ellipse unterscheiden können. Der Hecht gilt gemäß der Zapfen-Stäbchen-Theorie eigentlich als schlechter bis mittlerer Farbenempfänger (6 bis 7 Zapfen und ca. 20 Stäbchen), aber da man sich nicht in die Fische hineinversetzen kann, bleiben solche Annahmen eigentlich Spekulationen.
Die Erkenntnisse, die wir über Fischaugen bis heute gewonnen haben, sind nicht eindeutig, trotz vieler Versuche.

Die Schleie ist in der Regel vergleichsweise scheu

Im Wörthersee hausen Welse von weit über zwei Meter Länge

Der Hecht, hier mit einer erbeuteten Karausche, ist ein ausgesprochener Lauerjäger

Die Männchen des Dreistachligen Stichlings bauen richtige Nester zum Ablaichen

Man weiß eigentlich nur eines mit Bestimmtheit: wo keine Zapfen vorhanden sind, fehlt das Farbensehen. Aber viele Fische sind sogar in der Lage, das für menschliche Augen unsichtbare UV-Licht als Farbe zu erkennen - eine phänomenale Sehleistung. Und ob die nach unserer Meinung fast farbenblinde Brasse mit ihren kümmerlichen 3 Zapfen nicht doch mehr Farben sieht als wir glauben, weiß kein Mensch.

Welchen Sinn haben farbige Fische? Ist es eine Laune der Natur, Zufall oder evolutionäres Glücksspiel? Das Farbenkleid der heimischen Fische ist bunter als man glauben mag: schillernde Forellen, auf denen Sonnenkringel tanzen, Sonnenbarsche im Harlekinkleid, die man in der Uferzone kaum ausmachen kann, goldbraune Schleien unter Astwerk, gestreifte Flußbarsche zwischen den Wasserpflanzen und blaugrün schimmernde Hechte auf der Lauer. Kein Farbenspiel wie in den Tropen, aber doch erstaunlich für unsere heimischen Gewässer. Die Farben haben sehr wohl Sinn und Methode, denn sie dienen der Tarnung, sind weiterhin Signal und Warnung für Freund und Feind, helfen beim Aufsuchen der Partner, haben also eine animalisch-soziale Funktion im Reich der Fische.

Übermäßig gefärbt darf ein Süßwasserfisch unserer Breiten allerdings nicht sein. Man sieht das anhand der ausgesetzten Goldfische. In Hecht-und Barschgewässern werden sie aufgrund ihrer exponierten Signalfarben in kürzester Zeit ausgerottet. Heimische Raubfische sehen Farben vermutlich doch sehr gut ... Von allen bunten Einwanderern konnte sich der Sonnenbarsch noch am besten durchschlagen, da ihn sein farbenprächtiges Schuppenkleid im Flachwasser wegen der natürlich auftretenden Lichtspiele besonders gut schützt.

Die Jäger lieben's eher monochrom, passen sich allerdings der Wasserfarbe an. Hechte in moorigen Gewässern sind wesentlich dunkler als die in klaren Seen. Und in einem Auwaldsee findet man auch schon mal einen Esox mit blauer Einfärbung.

Übrigens sind fast alle Süßwasserfische am Bauch heller als auf dem Rücken. Man erklärt sich das so, daß ein weißlicher Bauch von möglichen Freßfeinden gegen die Wasseroberfläche nicht so gut ausgemacht werden kann. Analog dazu nehmen Grundfische wie Groppen und Schmerlen am Rücken die Farbe des Bodens an, von gelbweiß bis braungrün. Für Fotografen: Einen im vollen Tarnkleid stehenden Fisch sollte man daher auch am Tage nach Möglichkeit immer mit einem leichten Blitzlicht aufhellen, damit der Schuppenkontrast zum Wasser und zur Umgebung besser zur Geltung kommt.

Kleintiere im Süßwasser

Nicht immer sind es nur die großen Fische, die einen Tauchgang zum Erlebnis werden lassen. Zu den schönsten meiner Erinnerungen gehört die Begegnung mit einem Gelbrandkäfer. Das 4 bis 5 cm große Raubinsekt ist einer der schrecklichsten und unerbittlichsten Jäger in der Uferzone. Urplötzlich erschien der elegante Schwimmer vor meiner Maske. Die neugierigen, kalten Augen musterten mich eine Zeitlang, dann paddelte der Käfer geschmeidig ins Schilf zurück. Das herrliche Muster der Flügel, der farbige Kopf und die perfekt dazu harmonierenden Schwimmfüße verliehen dem 'tauchenden Tod' ein faszinierendes Aussehen. Wehe dem Molch, der ihm in die klauenartigen Greifwerkzeuge fällt, wehe der Schnecke, die sein Herannahen nicht rechtzeitig spürt, wehe dem Kleinfisch, der unvorsichtig im Flachwasser und im Schilf auf Nahrungssuche geht - keiner kann dem Angriff dieser geballten Kraft und Energie widerstehen. Tiere, die bis zu doppelt so groß sind wie er selbst, greift dieser schillernde Unhold an. Hätte ich es nicht beobachtet, würde ich es kaum glauben - Gelbrandkäfer greifen sogar junge Hechte an. Und bis zu einer Körpergröße von 10 cm hat der Fisch nicht den Hauch einer Chance.

Noch schlimmer treiben es die Larven der Schwimmkäfer. Sie besitzen hohle, gebogene Kieferzangen, mit denen sie dem Opfer ein Sekret - eine Verdauungsflüssigkeit - in den Körper pumpen. Anschließend wird dem Beutetier oft noch bei lebendigem Leib der sozusagen vorverdaute Nahrungsbrei auf dem gleichen Weg wieder ausgesaugt.

Die schwimmenden Insekten haben im Laufe der Entwicklungsgeschichte ein raffiniertes Atmungssystem entwickelt. Wenn sie aufgetaucht sind, wird Luft mit den letzten Stigmen des Rückenteiles ins Tracheensystem aufgenommen. Weitere Luftvorräte sammeln die Käfer und Wasserwanzen unter ihren Flügeln in Form von Luftpolstern. Am Anfang müssen die quirligen Insekten gehörig strampeln, um überhaupt untertauchen zu können. Viele halten sich an Wasserpflanzen fest. Die Tauchzeit reicht je nach Körpergröße und körperlicher Anstrengung von 10 Minuten bis über eine halbe Stunde.

Ein harmloser Pflanzenfresser ist der bis zu 7 cm große Kolbenwasserkäfer. Leider sieht man ihn nur noch selten. Beim Fangen (sollte man wirklich nur zu wissenschaftlichen Zwecken überhaupt tun) ist Vorsicht geboten; am Unterleib hat der Käfer einen sichelförmigen Stachel, der tiefe Fleischwunden in die Hand reißen kann. Wenig angenehm sind auch die Stiche der Wasserwanzen. Vom Rückenschwimmer ist bekannt, daß sein Saugrüssel so schmerzhaft stechen kann, wie der Stachel einer Wespe. Ähnlich giftig ist die Stabwanze, ein spindeldürres Unikum mit zwei Fangbeinen - fast so lang wie der Körper des Tieres. Nur wenigen Tauchern ist eine solche Begegnung vergönnt. Man muß sehr genau die Uferzone absuchen, damit man diesen Tarnkünstler überhaupt findet. Steht die Stabwanze unbeweglich zwischen Pflanzen-

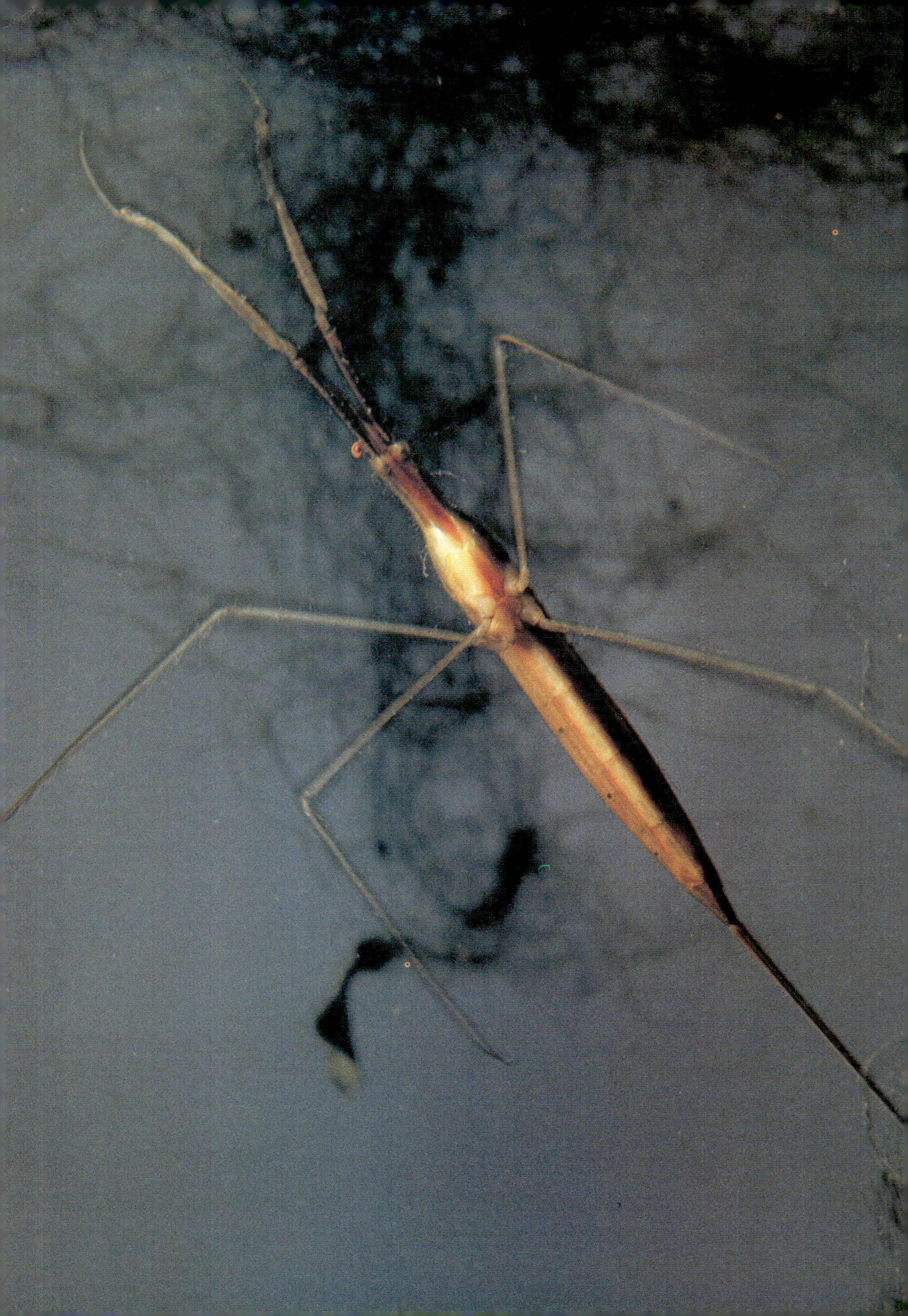

oben: Teichmuschel mit aufsitzender Wandermuschel
links: Stabwanzen lauern in der Uferzone (Vorsicht: kann stechen!)
unten: Schönheit im Detail - Schnecken stellen eine artenreiche Vielfalt

stengeln, ist sie fast unsichtbar mit ihrer Umgebung verwachsen. Im Freiwasser kann das Insekt nur unbeholfene Tretbewegungen machen. Seine Beute -Wasserasseln, kleine Krebse, Mückenlarven etc. - fängt es aus dem Hinterhalt, indem die Opfer mit den lanzenartigen Enden der Greifer aufgespießt werden.
Den Großlibellenlarven steht zum Fangen der Beute ein besonders interessantes Hilfsmittel zur Verfügung, der sogenannte Rückstoßantrieb. Ähnlich wie beim Raketenprinzip drücken die Libellenlarven Wasser aus dem Körper und erreichen dadurch eine Geschwindigkeit von über 50 cm/s. Damit erhaschen sie sogar kleine Fische. Zugute kommt ihnen dabei das Fangmaskenprinzip, eine Art Unterlippenlanze mit zwei dolchartigen Spitzen, die im Bruchteil einer Sekunde herausgeschleudert und mit der aufgespießten Beute wieder eingezogen werden kann. Beim Verzehr der Nahrung dient die Fangmaske außerdem als Teller, so daß das Opfer wie auf einem Tablett aufgefressen werden kann, ohne daß irgendwelche Reste herunterfallen könnten...
Zu den ausgefallenen Objekten gehören die rötlich gefärbten Schlammröhrenwürmer 'Tubifex'. Die auch im Tierhandel gezüchteten und in organisch verschmutzten Gewässern häufig vorkommenden Würmer werden von vielen Tauchsportlern aus Unkenntnis übersehen. Bis zu 12 cm können diese lebenden Fäden lang werden. Bei Annäherung ziehen sie sich, ähnlich wie ihre Verwandten im Meer, ruckartig in ihre Röhre zurück. Manche der Tubifex-Kolonien bestehen aus über 10.000 Einzeltieren. Die Würmer, die abgestorbenes organisches Material fressen, sehen oberflächlich wie rötliche Schleimalgen aus -vermutlich bleiben sie aus diesem Grund oft unentdeckt. Als Nahrung für Fische spielen sie im ökologischen Haushalt eine wichtige Rolle.
Entfernte Verwandte von Tubifex sind die Egel. Eine Vielzahl verschiedener Arten bevölkern die Gewässer der niederen und mittleren Höhenlagen. Sie lieben vorzugsweise stehende und warme Wasserzonen. Allgemein bekanntester Vertreter ist der Blutegel, der noch häufig in Tümpeln und Weihern vorkommt. Man sagt ihm eine gewisse medizinische Heilkraft nach (bei Bluthochdruck u.a.), weshalb er auch industriell gezüchtet wird.
Pferdeegel und Rollegel sind Räuber, die von Kleintieren leben, die sie mit ihrem Saugrüssel erbeuten. Fischwirtschaftlich gefürchtet ist der Fischegel, ein bis zu 10 cm langer Schmarotzer mit grünbraun geflecktem Körper, der sich in Fischteichen und Zuchtbetrieben mit Vorliebe an Karpfen und Schleien festsaugt. Man hat pro befallenem Fisch schon über 100 Egel gezählt. Da ein einziger Egel pro Tag bis zu 80 mm^3 Blut aus dem Wirtsfisch saugen kann, magern die Tiere stark ab und müssen bei starkem Befall sterben. Fischegel sind außerdem Überträger tödlich verlaufender Fischkrankheiten. In kommerziell betriebenen Fischereizuchten wird daher jährlich das Wasser der Teiche zur Reinigung abgelassen.
Eine Welt für sich sind die Gehäuse der Köcherfliegenlarven. Vielleicht haben Sie selbst schon einmal beobachtet, wie im Schlamm ein Stückchen Holz, ein gerolltes

Blatt oder eine merkwürdige Steinwalze sich bewegt hat. Fast immer handelt es sich dann um die Larve einer Köcherfliege, die sich, je nach Art, ein transportables Häuschen aus den verschiedensten Materialien gebaut hat und in diesem dann ihren empfindlichen Hinterleib versteckt. Die röhrenförmigen Hüllen schützen bei Gefahr die Fliegenlarve, die sich ganz dorthin zurückziehen kann. Bewegt wird der Köcher allerdings nur mit dem Vorderleib. Anhand der charakteristischen Formen und Baumaterialien läßt sich oft die Art bestimmen. Es gibt sogar Spezies, die mit dem Köcher schwimmen können.
Der weiche Hinterleib der Köcherfliegenlarve ist mit dem Köcher so verankert, daß man das Tier nicht ohne Zerstörung der Hülle aus dem Gehäuse nehmen kann. Die Larve läßt sich eher auseinanderreißen als nachzugeben.
In Fließgewässern leben käferartige Köcherfliegenlarven, die spinnenähnliche Fangnetze bauen und als Raubtiere frei umhertreiben. Sieht man die Imago (also die fertige Köcherfliege) davonfliegen, so mag man kaum glauben, welch wundersame Metamorphose dieses Tier durchgemacht hat.
Schon sehr genau hinsehen muß man, sollen einem die winzigen Mückenlarven der Zuckmücke, der Kriebelmücke und der Stechmücke überhaupt auffallen. Am ehesten bemerkt man noch die roten Chironomus-Larven, die sich in ihrer Farbe deutlich vom grünen Wasser abheben.
Alle Mückenlarven sind ein unverzichtbarer Bestandteil eines intakten Gewässers. Sie bilden für Jungfische eine Nahrungsbank von unschätzbarem Wert. Die Larven der Büschelmücke besitzen zwei Paar Luftblasen, die es ihnen ermöglichen, waagerecht im Wasser zu schweben. Die meisten Mückenlarven hängen unter der Wasseroberfläche, wenn sie atmen. Einige Arten mit Hautatmung gehören dem tierischen Plankton an. Fast alle leben räuberisch von tierischen Mikroorganismen.
Lungenschnecken, die tauchen können - das gibt es wirklich. Einige von ihnen findet man in stark verkrauteten, vegetationsreichen und schlammigen Gewässern, so die Posthornschnecke und die Schlammschnecke. Sie müssen zum Luftholen an die Wasseroberfläche auftauchen. Allerdings kann der dann eingeatmete Luftvorrat viele Stunden ausreichen. Hinzu kommt, daß viele der Lungenschnecken eine gewisse Zeit als Hautatmer unter der Wasseroberfläche verbringen können. Beobachten zu wollen, wie z.B. eine Posthornschnecke aufsteigt, um Luft zu schöpfen, kann ein hartes Geduldsspiel sein.
Eine der interessantesten Süßwassermollusken ist die kiemenatmende Sumpfdeckelschnecke, die bei Gefahr ihr Haus mit einem Deckel verschließen kann. Sie lebt in großer Anzahl im Baßgeigensee. Ein gewaltsames Öffnen des Schneckenhauses führt zum Tod des Tieres. Eine weitere Besonderheit dieser Schnecke sei noch erwähnt: sie ist lebendgebärend. Damit stellt sie zweifellos eine Rarität im Süßwasser dar, der man mehr Beachtung schenken sollte.
Überhaupt wird der Stellenwert der Kleintierwelt im Süßwasser oftmals verkannt.

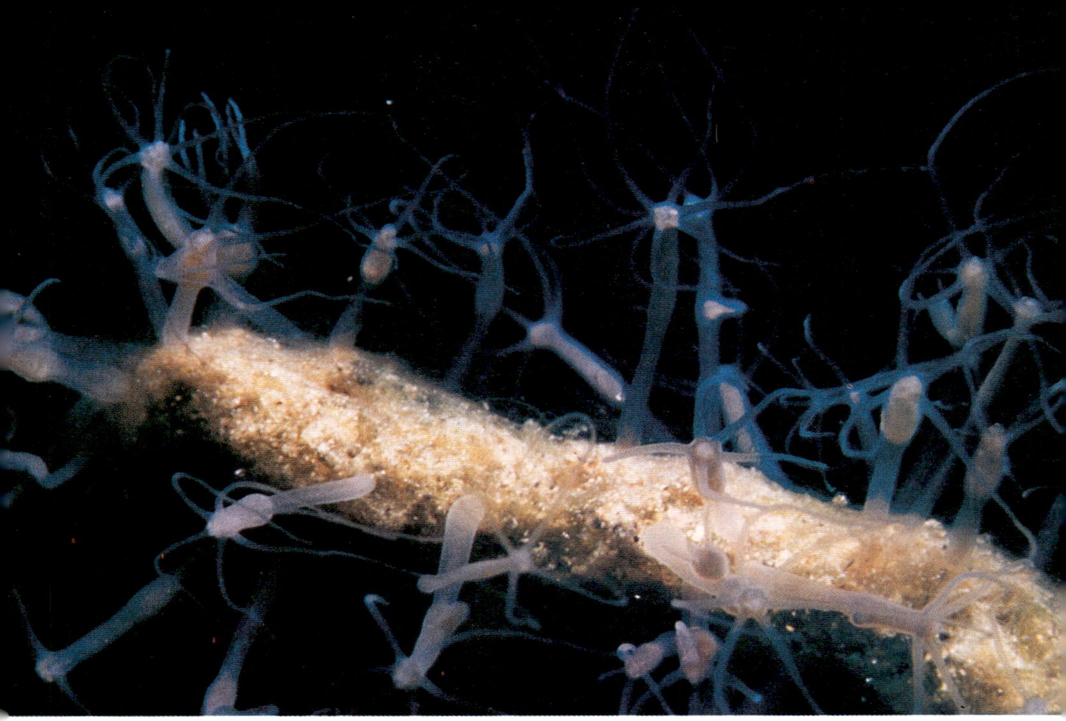

Mit Hilfe ihrer Nesselzellen erbeuten Süßwasserpolypen kleines, tierisches Plankton

Anders als im Meer bilden Mosstierchenkolonien im Süßwasser kein festes Skelett

Gelbrandkäfer und ihre Larven sind gefräßige Räuber, die auch kleine Fische erbeuten

Die Wasserassel dagegen ist harmlos, sie lebt von abgestorbenen Pflanzenteilen

Vieles liegt hier noch im dunkeln, und hoffentlich ist es noch nicht zu spät, diese Winzlinge, von denen einige noch immer weitgehend unerforscht sind, zu erhalten, drohen doch die Gewässer durch Chemikalien, Industriemüll und Abwässer umzukippen, was mit Sicherheit den Untergang dieser Kleinlebewesen bedeuten würde.
Denken wir in diesem Zusammenhang auch an die Wassermilbe. Die roten, zappelnden Punkte gehören zu den merkwürdigsten Tieren in unseren heimischen Gewässern. Weshalb sich die Larven dieser an sich harmlosen Pflanzenfresser ausgerechnet Wasserkäfer und Wasserwanzen, wie z.B. die gefährlichen Gelbrandkäfer und die räuberischen Wasserskorpione (eine Wasserwanzenart), als Wirtstiere aussuchen, bleibt ein Geheimnis der Natur. Die blinden Passagiere wachsen buchstäblich in den lebenden Futterspeicher hinein, so daß ein Abstreifen der Schmarotzer gar nicht möglich ist. Ob ein Massenbefall von Milbenlarven das Wirtstier töten kann, ist nicht belegt.
Als Süßwassertaucher sollte man sein Interesse und Augenmerk nicht nur den großen Dingen widmen. Auch die kleinen und scheinbar nichtigen Lebewesen der Binnengewässer haben ihre Funktion, sind notwendig und wichtig, belegen die Gesundheit eines Sees. Ist ein Teich oder Tümpel in seiner Grundsubstanz gestört, kann es mit Fischen und Pflanzen nicht mehr weit her sein: Wir müssen uns klarmachen, daß die Kleinlebewesen in unseren Gewässern die Basis für deren Wohlbefinden darstellen.

PFAHLBAUTEN

Schon allein das Wort vermag bei gewissen Tauchern erhöhten Blutdruck und zitternde Hände hervorzurufen. Allerdings nicht wegen der historischen Bedeutung, sondern wohl eher wegen des Raubgrabens - und stoßen Sie sich bitte nicht an diesem Begriff 'Raubgraben', das trifft den Nagel auf den Kopf.
Im Keutschachersee haben plündernde Sporttaucher die dortige Pfahlbausiedlung binnen weniger Jahre restlos zerstört und der Nachwelt einen kulturellen Trümmerhaufen ohne den geringsten wissenschaftlichen Wert hinterlassen. Kein Wunder, daß für dieses Gewässer vorübergehend ein totales Tauchverbot verhängt wurde.
Es ist an der Zeit, daß viele Sporttaucher einmal den Sinn ihres Hobbys wertfrei überdenken sollten, denn Tauchen ist ein Freizeitsport und ein Vergnügen, mit dem Ziel, Freude und Befriedigung im Rahmen einer Erholung zu gewährleisten.
Spaßig und befriedigend mag es allemal zugehen, wenn antike Lagerstätten aus Abenteuerlust aufgerissen werden. Die Folgen jedoch sind mehr als unangenehm für die gesamte Taucherschaft: Tauchverbote, Imageverlust, kriminelles Fluidum etc.
Das Verhökern der Artefakte und Feuchtbodenfundstücke geschieht nicht selten in einem Milieu, dessen Aufsuchen allein schon rufschädigend sein kann. Mir ist ein Fall bekannt, in dem ein süddeutscher Zuhälter die von Sporttauchern geborgenen Relikte in einem Kleinlastwagen aus Österreich hinausschmuggelte. Das Schlimme an dieser Verfehlung ist eigentlich nicht das Bergen selbst - obwohl auch das für die Fundstätte bei unsachgemäßem Graben schädlich ist -, sondern die unumstößliche Tatsache, daß nur noch ein verschwindend geringer Teil des Raubgutes in berufene Hände gelangt.
Im Falle der ältesten Pfahlbausiedlung Österreichs im Keutschachersee stehen die Wissenschaftler vor ungelösten Rätseln, weil wichtige Mosaiksteinchen im Gesamtgefüge fehlen.
Die dem Entdeckerrausch verfallenen Sporttaucher wissen vielfach nicht, welch irreparablen Schaden blindwütiges und unkontrolliertes Wühlen in den versunkenen Pfahlbausiedlungen verursacht. Einen Pfahlbau zu vermessen und eventuelle Exponate sachgerecht zu bergen, ist ein monatelang andauernder, mit Selbstaufopferung betriebener Prozeß, den Sie bei vorhandenem Interesse ruhig einmal durchexerzieren sollten.
Der Union Tauchclub (UTC) - Wels, Verein für archäologische Unterwasserarbeiten ist gerne bereit, willige und interessierte Sportkameraden in die komplexe Materie der themenbezogenen Pfahlbauforschung einzuführen.
Karl Czech, der mit Frau und Tochter in idealistischer Arbeit und gemeinsam mit weiteren Tauchsportlern der österreichischen Pfahlbauforschung ehrenvolle Dienste geleistet hat, gilt als einer der führenden Amateurforscher Europas auf diesem Gebiet. Viele Veröffentlichungen in 'Fundberichte aus Österreich' sowie die ehrenvolle Erwähnung im Europarat anläßlich einer Kulturdebatte unterstreichen die herausragenden Leistungen dieses Mannes und seiner Mitarbeiter.

Pfahlbauforschung ist eine eigene Wissenschaft, denn hier vereinen sich eher Wunschdenken und Abenteuerflair als nüchterne Bestandsaufnahme. Vieles von dem, was wir wissen oder zu wissen glauben, entsprang vermutlich zunächst einmal irgendwelchen Ahnungen und der Deutung der Geheimnisse durch frühere Geschichtsforscher. So auch die irrige Annahnme, die Bewohner der Pfahlbauten hätten die Hütten im Wasser auf Pfähle gebaut, um sich vor wilden Tieren zu schützen. Neuzeitliche Ausgrabungstechniken unter Berücksichtigung der peripheren naturwissenschaftlichen Disziplinen haben nun den Phantastereien und teilweise emotional geführten Diskussionen über die Wasserpfahlbauten zumindest teilweise ein Ende bereitet. Die in den Geschichts- und Sachbüchern durch ethnographische Berichte und zeitgenössische Malerei entstandenen Abbildungen und Vorstellungen müssen als überholt angesehen werden. Die in früheren Jahren durchgeführten Forschungsarbeiten scheiterten immer an der Unzugänglichkeit der Fundstätten - Tauchgeräte gab es noch nicht. In neuerer Zeit konnten detaillierte Kenntnisse erst durch den Tauchsport erworben werden. Die Wissenschaftler und Autodidakten mußten das Tauchen erlernen, um an die begehrten versunkenen Kostbarkeiten zu gelangen. Als Hauptinitiator der modernen Pfahlbauforschung mit Hilfe der autonomen Aqualunge gilt der Traismauerer Johann Offenberger, Beamter im Bundesdenkmalamt in Wien, der aus einer verkrusteten Lehre und visionären Ansichten eine praktische und im wahrsten Sinne des Wortes begreifbare Wissenschaft machte. Die neuzeitliche Pfahlbau-Archäologie verdankt dem engagierten Forscher und Praktiker wesentliche Erkenntnisse, die zu einer differenzierteren Betrachtungsweise dieser historischen Baufragmente geführt haben.
Sporttaucher, die glauben, pfahlbauverdächtige Stellen entdeckt zu haben, mögen dies bitte direkt bei der zuständigen Behörde - Bundesdenkmalamt Abt. für Bodendenkmale, Schweizerhof, Säulenstiege Hofburg, A-1010 Wien melden.
Mit Hilfe von voradressierten und frankierten Rückumschlägen können bei der genannten Adresse auch Auskünfte und Informationen eingeholt werden.
Bereits im 16. Jahrhundert wurden erste Pfahlbaubeobachtungen gemacht. Sie datieren aus dem Jahre 1548 und stammen von dem Schweizer Stumpf, der im Bodensee Pfahlfragmente ausgemacht haben will. Der ebenfalls aus der Schweiz stammende Altertumsforscher Ferdinand Keller veröffentlichte 1854 den ersten offiziellen Forschungsbericht über Wasserpfahlbauten, in dem er seine Vorstellungen über die gefundenen Siedlungsreste vortrug. In der Literatur wird Keller vermutlich deshalb als Entdecker der Pfahlbaudörfer genannt, eine Auszeichnung, die er selbst nie für sich in Anspruch genommen hat.

Die Interpretation der altertümlichen Siedlungen hielt sich an überlieferte Schilderungen von Pfahlbauten, wie sie lange Zeit in West-Neuguinea gebaut wurden. Auch die Schilderung des Wasserhauses im Otsegosee durch J.F. Coopers 'Wildtöter' mag zum

Teil Pate gestanden haben. Antike Reisebeschreibungen bis zurück zu den klassischen Schriftquellen Herodots über die Pfahlbauten der Bajonen im Prasias-See in Thrakien wurden von Forschern wie F. Troyon als fundamentale Beweise für die Existenz vergangener Wasserdörfer herangezogen.

Alle Deutungen hielten sich aber an die Vorstellung, daß die Bewohner den Weg aufs Wasser aus einem Schutzbedürfnis heraus wählten. Im Dritten Reich hat man darüber sogar politische Diskussionen geführt. Die Probleme wurden nationalistisch in die gewünschte Richtung gebogen - das reale Denken ist zugunsten tendenziöser Meinungen zeitweilig aufgegeben worden.

Den Anstoß zur systematischen Pfahlbauforschung in Österreich gab Andreas Freiherr von Baumgartner. Als Präsident der Kaiserlichen Akademie der Wissenschaften leitete er eine Entwicklung ein, die bereits 1864 zum Auffinden eines Pfahlbaudorfes im Keutschachersee führte.

Technik der Pfahlbauforschung

Erste Methoden zur Bergung von Funden in Pfahlbauten wurden in der Schweiz ausgetüftelt. Da man des Tauchens unkundig war, mußte die Fundsache von einem Boot aus an die Oberfläche gebracht werden. Mit langen Stangen wühlte man den Seeboden auf und tastete mit besonders konstruierten Zangen und Schleppnetzen den Untergrund ab. Verständlich, daß diese Art der Untersuchung oft mehr Schaden anrichtete, als daß man wertvolle Stücke finden konnte. Geringfügig verbessert wurden die Suchmethoden durch die Entwicklung einer gelöcherten Baggerschaufel, durch deren Durchbrüche das Wasser und anfallender Schlamm abrinnen konnte, während größere Relikte zurückgehalten wurden. Auch die von den Österreichern 100 Jahre später verwendete Vakuummethode (Unterwasserbohrgerät mit selbstschließender Klappe) diente ausschließlich der Gewinnung von Fundmaterial. Aus heutiger Sicht waren diese Techniken ein einziger Raubbau an den einmaligen Fundstätten. Namhafte Wissenschaftler sprechen gar von 'Altertumsfischerei' und 'archäologischem Pfusch'. Erst die Erfindung des Atemreglers durch die Franzosen Cousteau und Cagnan und die Wegbereitung des Tauchsports zum populären Hobby einer gewissen Schicht der Bevölkerung durch Hans Hass und andere Pioniere leitete eine neue Ära in der Unterwasserarchäologie ein.

Endlich konnten Meßgitter, Stereokameras, Absaugvorrichtungen, Hebeballons, UW-Telefoneinrichtungen, Sonoranlagen, Stroboskoplampen und wasserdichte Fernsehkameras für eine adäquate Untersuchung der versunkenen Siedlungen eingesetzt werden. Der nassen Vermessung stand somit nichts mehr im Wege. Trotz der wesentlich schwierigeren Umfeldbedingungen (Kälte, Dunkelheit, Schlamm, schlechte Sicht), gemessen an der Meeresarchäologie, wurden erstaunliche Fortschritte erzielt.

Schon bald war sicher, daß die Pfahlbauten auf dem trockenen Land erbaut und erst später durch den Anstieg des Wasserspiegels zu echten Wassersiedlungen gemacht wurden.
Wo die Methoden der Meeresvermessung wegen der ungünstigen Sichtverhältnisse versagten, haben engagierte Taucher in Zusammenarbeit mit offiziellen Stellen die Grabe- und Vermessungstechniken durch eigene Beiträge und Entwicklungen laufend verbessert. Auch stiegen die Pfahlbauforscher selbst in den nassen Sport ein - Tauchen zu lernen wurde zur Grundvoraussetzung einer erfolgreichen Berufsausübung.

Die Welt der Seeufersiedler:
Wir wissen heute, daß die Pfahlbauten im trockenen Bereich der angrenzenden Seen erbaut wurden. Keinesfalls haben die Pfahlbaubewohner ihre Dörfer absichtlich ins Wasser verlegt. Der Anstieg der Seespiegel ging vermutlich sehr langsam vonstatten. Zurückgeführt wird er auf die im Subboreal einsetzende Klimaveränderung, die als Ursache für die Überschwemmung der Pfahlbauten angesehen wird.
Letztendlich ist allerdings größtenteils ungeklärt, warum die Pfahlbauer ihre Siedlungen lange vor den ansteigenden Wassermassen verließen, denn Untersuchungen der Schwemmholzschichten haben ergeben, daß die Dörfer zum Zeitpunkt der Überflutung mit Sicherheit unbewohnt und verlassen waren. Bindende Aussagen über die Dauer der Besiedlung können nicht getroffen werden. Ebensowenig weiß man über die Siedler selbst, weder woher sie kamen, noch wohin sie gingen - im Zeitraum von 3000 v.Chr. bis 2000 v.Chr.. Verflechtungen zum Balkan hin hat man jedoch festgestellt.

Anhand von Klimatabellen und Wasserstandsdiagrammen ist erkennbar, daß die Seewasserspiegel in den letzten 3.000 bis 5.000 Jahren um durchschnittlich 5 m angestiegen sein müssen. Viele der Pfahlbauten liegen daher in relativ geringer Tiefe, so daß stundenlange Grabarbeiten ohne Dekompressionsaufenthalte möglich sind. Pollenanalytische Untersuchungen geben Aufschluß darüber, welche Baumarten im neolithischen Zeitalter vorherrschend waren. Für Hausbau und Pfähle verwendete man hauptsächlich Tannenholz. Beim Erfassen der Pfahlbaulängen stellte sich zur allgemeinen Überraschung heraus, daß die Pfähle tiefer im Seeboden verankert sind als erwartet - bis zu 2 m Länge maß man beim Herausziehen der Holzfragmente. Vermutungen gehen dahin, daß die Siedlungen nur deshalb auf Pfählen erbaut wurden, um das jährlich auftretende Hochwasser abfangen zu können (Überflutung der Seeufer durch Schneeschmelze und Regenwasser). Das Hochstellen der Häuser mit Hilfe von Subkonstruktionen diente also keinesfalls dem Schutz des eigenen Lebens vor wilden Tieren, sondern war eine Maßnahme gegen die immer wieder auftretende Durchfeuchtung des Untergrundes. Weshalb sich die Pfahlbauer auf ausgesprochen siedlungsfeindlichen Böden überhaupt niederließen, kann man mit letzter Sicherheit heute nicht mehr erklären.

Süßwasserarchäologen vertreten die vorläufige These, daß die mit vielen Schwierigkeiten verbundene Rodungen in den damals vorherrschenden Urwäldern ein Ausweichen in die Feuchtgebiete beeinflußt haben könnten. Nach den dendrochronologischen Untersuchungen in der Schweiz kann man mit einiger Sicherheit behaupten, daß die Holzpfähle eine maximale Haltbarkeit von etwa 10 Jahren hatten. Regelmäßige Erneuerungen der Subkonstruktionen, die nicht immer deckungsgleich mit den vorherigen Konstruktionen waren, ergaben bei neuzeitlichen Forschungen Schätzwerte der im Boden verbliebenen Pfähle von bis zu 19.000 Stück bei Pfahldicken von 2 bis 20 cm.

Der hohe Anteil von Fichte und Tanne in den Kulturschichten mag auf die leichte Bearbeitung der Weichhölzer zurückzuführen sein. Die damals verwendeten Beilschneiden hatten bei Buche oder Eiche nur etwa ein Zwölftel der Haltbarkeit, die sie bei Gebrauch für Nadelhölzer hatten.

Knochenreste in den Pfahlquadranten geben das gewohnte Bild unserer Vorstellungen vom Leben in der fraglichen Zeit. Die Pfahlbaubewohner waren überwiegend Bauern, die nur zur vorübergehenden Fleischversorgung auf die Jagd gingen. Man hat u.a. Überreste von Wildrindern, Braunbären, Elchen, Wildschweinen, Steinböcken, Rotwild und auch Nagetieren wie Biber, Siebenschläfer und Eichhörnchen gefunden. Die meißelförmigen Kiefer des Bibers fanden zudem auch Verwendung als Werkzeug.

Obwohl der Fischfang damals keine untergeordnete Rolle gespielt haben kann, hat man nur Reste der Arten Hecht und Huchen gefunden. Vermutlich können die Gräten von kleinen Fischen nur bei tieferen Grabungen zutage gefördert werden. Fundstücke von Angelhaken und Netzsenkern bestätigen die weitreichende Rolle des Fischfangs als zusätzliche, eiweißreiche Nahrungsquelle für den Menschen im Neolithikum.

Vogelknochen und Geflügelreste wurden nur sporadisch entdeckt und lassen nur wenig Schlüsse auf deren Verwendung als Nahrungsmittel zu.

Für die Jagd wurden Pfeil und Bogen verwendet. Bei Pfeilspitzen schäftete man mit Birkenteer. Pfeile für die Vogeljagd hat man abgerundet, um das Wild nicht mit Obsidianspitzen, die eine stark zerstörende Wirkungen haben, zu zerfetzen.

Hunde kamen in den neolithischen Ufersiedlungen recht häufig vor. Hack- und Schnittspuren an aufgefundenen Knochenresten lassen ahnen, daß die einem Spitz ähnelnden Haustiere zum festen Bestandteil der Nahrung gehörten. Der domestizierte Nachfahre des Wolfs war Jagdgefährte und lebende Vorratshaltung in einem...

Welche Geräte die Siedler letztendlich zur Bestellung des Ackerbodens gebrauchten, läßt sich in gewissem Rahmen nur vermuten. Überbleibsel von Holzspaten, Hacken und spitzen Geweihwerkzeugen, aber keine Pflugreste, deuten darauf hin, daß eine einfache Bearbeitung der Krume die Regel war. Holzpflüge konnten erst für das ausgehende Neolithikum und die frühe Bronzezeit nachgewiesen werden. Die Pfahlbausiedler waren in erster Linie Bauern. Überreste von Getreide, Sichelmessern und Pfahlbaubroten, die man gefunden hat, deuten auf eine weitgereifte Anpflanzung

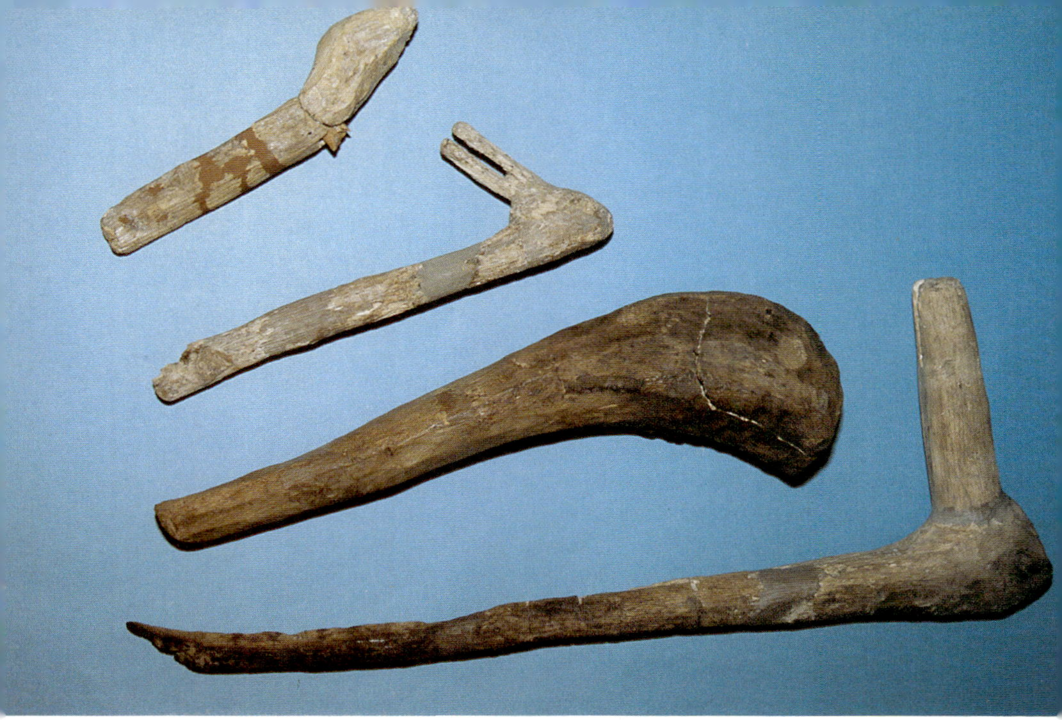

58 oben und unten: Verschiedene Fundstücke aus Pfahlbauten

oben und unten: UW-Aufnahmen von Pfahlbauten

hin. Da bei primitiven Getreidearten die Körner im Reifeprozeß früher ausfallen, als dies bei den heutigen Zuchtsorten der Fall ist, wurde die Ernte vermutlich in unausgereiftem Zustand eingebracht. Alle Brotreste ähneln dem heutigen Pumpernickel und sind erwiesenermaßen die ältesten in Mitteleuropa erzeugten Brote. Weitere Reste von Nahrungsmitteln, die man entdeckt hat, sind Haselnüsse, Mohn, Leinsamen, pflanzliche Gewürze, Kohl, Erbsen, getrocknete Wildäpfel und verschiedene Beerensorten. Die Ufersiedler betätigten sich mit großer Wahrscheinlichkeit auch als intensive Sammler der unterschiedlichsten Wildfrüchte.
Als gering muß das Fundmaterial im Hinblick auf Werkzeug- und Gerätebestand angesehen werden. Verschiedene Flach- und Lochbeile, tönerne Kochgefäße, geschäftete Dolche sowie auch Teile von einfachen Webstühlen hat man ertaucht. Die feuerfesten Gefäße ermöglichten die Zubereitung flüssiger Nahrung wie Suppe, Brei und Eintopf. Mit der Entwicklung des Webstuhles begann eine Abkehr von der Bekleidung aus rein tierischen Rohstoffen. Funde beweisen, daß nicht nur tierische Wolle, sondern auch pflanzliches Material verarbeitet wurde. Die Herstellung von Grobleinen muß den Pfahlbauern bereits geläufig gewesen sein.
Im ausgehenden Neolithikum gewann dann die Verarbeitung von Kupfer an Bedeutung. Für die Aufbereitung von Kupfererzen fehlt allerdings jeder Hinweis, da keine entsprechenden Schmelzgruben und Grubenöfen entdeckt wurden. Eine Metallschmelze muß aber in gewissem Rahmen doch stattgefunden haben, da man in den Pfahlbauten tönerne Gußlöffel sowie verschiedenes Schmelzgeschirr gefunden hat.
Eines der ganz großen Geheimnisse bleibt jedoch die Frage nach dem Verbleib der Seeuferbewohner selbst. Sie verließen wohl wegen der steigenden Wasserfluten ihre Behausungen - aber wohin wanderten sie?

Gefahren für die Pfahlbauten:

Jahrtausendelang ruhten die Überreste der Pfahlbauten im Schlamm der Seen, unberührt und ungefährdet.
Mit dem Aufkommen motorbetriebener Boote und Fährschiffe in den Uferzonen entstanden durch Rotorverwirbelungen beträchtliche Schäden an den antiken Siedlungen. Es sind sogar Fälle bekannt, in denen man unglücklicherweise genau über den Pfahlbausiedlungen Bootsanlegestege gebaut hat - unwissentlich natürlich, da man vor dem zweiten Weltkrieg der Preßluftatmung noch nicht mächtig war und somit viele historische Wasserbehausungen nicht eruieren konnte.
In pfahlbauverdächtigen Seen wie z.B. dem Wörthersee, Ossiachersee und Millstättersee wurden voreilig befestigte Ufertrassen errichtet; Aufschüttungen und Betonbefestigungen zum Zwecke des Uferstraßenbaus haben nachweislich über Kilometer hinweg die Uferzone und den Seegrund derart verändert, daß nur noch ein glücklicher Zufall das Auffinden von Pfahlbauten überhaupt begünstigen kann. Vermutlich sind mittlerweile in allen Seen mit befestigten Peripherieverbindungen und Fahrgastschiffsver-

kehr die neolithischen Überbleibsel auf Ewigkeiten hin verschüttet oder so zerstört worden, daß sie nicht mehr restauriert werden können.
Gewissenlose Sporttaucher haben dann vielen der wenigen noch verbliebenen Pfahlbauten den Rest gegeben. Durch unsachgemäßes Graben, besser Wühlen, und organisierte Raubzüge - gesteuert von Hintermännern aus zwielichtigen Kreisen -wurden der noch jungen Pfahlbauwissenschaft beträchtliche Grundlagen entzogen.
Es wird daher an dieser Stelle ganz ausdrücklich darauf hingewiesen, daß Tauchen in Pfahlbausiedlungen grundsätzlich verboten ist! Halten Sie sich bitte an die bestehenden Vorschriften, und wenn Sie auf antike Reste unter Wasser stoßen sollten, melden Sie es entweder bei der örtlichen Gendarmerie oder dem Bundesdenkmalamt in Wien, dessen Adresse hier in diesem Abschnitt vollständig angegeben ist. Fundstellen sind im Dienste der Wissenschaft sorgfältig zu markieren. Süßwassertaucher, helft mit, die Vergangenheit unter Wasser zu schützen. Es geht uns alle an und nützt dem Tauchsport!

TAUCHEN BEI NACHT

Viele Tiere, die tagsüber versteckt oder gut getarnt sind, entfalten nachts ein überaus aktives Leben. Nachttauchgänge im Süßwasser stellen oft die einzige Möglichkeit dar, in relativ schwach besetzten und wenig belebten Gewässern die Tierwelt zu beobachten bzw. zu fotografieren. Tauchen bei Nacht erfordert gewisse Vorbereitungen, soll das Vergnügen ungetrübt und von Dauer sein.
Ich weiß, daß die alte Regel 'tauche nie allein!' aus verschiedenen Gründen nicht immer eingehalten werden kann. Dennoch sollten Sie folgenden Merksatz beachten:
Tauche nie allein bei Nacht in Gewässern, die Dir vom Tage her unbekannt sind!

Versunkene Bäume, Orientierungsverlust und andere Unwägbarkeiten, die tagsüber problemlos zu überwinden sind, eskalieren in rabenschwarzer Dunkelheit zu unüberwindlichen Schwierigkeiten. Man macht sich keine Vorstellungen, welche tödlichen Fallen unter Wasser lauern können: abstehende Moniereisen, Drahtrollen, Eisengitter, Stacheldraht, Bleche und ähnliches - alles Überbleibsel gedankenloser Mitbürger, für die ein See immer noch die beste Müllhalde ist. In den großen Seen Kärntens lauern überdies oft Stellnetze (wenn auch weit weg vom Ufer), aus denen man sich bei Verstrickung nur noch mittels einer mitgeführten Zange oder Schere befreien kann. Tauchen bei Nacht ist nur dann wesentlich gefährlicher als bei Tag, wenn man die elementarsten Grundsätze dieses Sports mißachtet.
Um Zwischenfälle zu vermeiden, benötigt man auch eine ausreichend starke und dauerhaft brennende Lichtquelle. Setzt man das reine Tauchvergnügen mit 45 Minuten an, so muß die mitgeführte Lampe mindestens eine Stunde lang brennen. Zum Tauchen selbst sollte man immer noch eine Viertelstunde Brenndauer an Land miteinkalkulieren; man muß schließlich oft noch eine kleine Strecke zu Fuß gehen, dann klappt wieder etwas nicht mit der Ausrüstung, etwas fällt zu Boden, und man muß danach suchen. Schwache Lampen sind dann schon zu 25 % verbraucht, bevor sie überhaupt Wasser gesehen haben.
Allen Fotografen rate ich aus langjähriger Erfahrung, sich neben der obligaten Sucherlampe auch einen E-Blitz mit eingebautem Pilotlicht anzuschaffen. Man hat dann immer ein Reservelicht zur Verfügung, falls mal eine Panne eintritt. Die gesamte Ausrüstung sollte bei Tageslicht gecheckt und hergerichtet werden. In stockdunkler Nacht rissige O-Ringe am Automaten austauschen, abgerissene Fersenbänder flicken oder gar eine verrutschte Tragschale zurechtrücken zu wollen (der Gabelschlüssel liegt dann auch irgendwo im nachtschwarzen Kofferraum), ruiniert das ganze Tauchvergnügen. Davon abgesehen, daß der wartende Partner das auf die Dauer sicher nicht mitmachen wird. Denken Sie auch daran, daß es wenig ökonomisch ist, 100 km zu fahren, um dann den Nachttauchgang wegen vorangegangener Schlampereien abbrechen zu müssen. Die Orientierung bei Nacht in einem See ist oftmals schwierig, wenn

man die Uferzonen nur flüchtig kennt. Große Schilfbereiche, irritierende Uferlichter, wolkenverhangener Himmel, Regen und eventuell eigenes Unwohlsein (Frieren etc.) führen oft zu nicht ganz logischen Handlungsweisen. Ein Kompaß - es gibt auch solche, die in die Taucheruhr integriert sind - und eine kleine Handlampe, am Ufer brennend postiert, erleichtern das Anpeilen der Einstiegsstelle ganz erheblich. Beim Tauchen in verzweigten Flußniederungen und Nebenarmen sind solche Hilfsmittel unbedingt erforderlich. Ich habe in extremen Fällen auch schon mal das Standlicht des Autos brennen lassen. Man sollte dies aber nur bei neuwertiger oder gut gefüllter Batterie tun, sonst kann es passieren, daß man auch noch eine unfreiwillige Übernachtung im Auto auf sich nehmen muß, weil der Motor nicht mehr anspringt.
Zu den mitgeführten Lampen (meist Halogenlicht) ist anzumerken, daß die Leistung nicht über 20 Watt hinausgehen sollte. Meist genügt sogar ein gut reflektierendes 10-Watt-Licht, da diese Lampen auch ausreichende Kapazität haben - eben die angestrebte 1-Stunden-Dauer.
Übermäßig starke Halogenleuchten haben sich nachhaltig als Störfaktor erwiesen, weil viele Fische diese künstlichen Sonnen fürchten. UW-Fotografen sind besser beraten, auf allzu kräftiges Licht zu verzichten und sich den Wasserbewohnern etwas dezenter zu nähern. Die Erfolgsquote wird dadurch garantiert besser.
Tieftauchen bei Nacht und gar noch Dekomprimieren sind verpönt. Niemals sollte man nachts eine Tiefe von 15 m ohne zwingenden Grund für längere Zeit überschreiten. Die daraus resultierenden Gefahren stehen in keinem Verhältnis zum vielleicht zu erwartenden Lustgewinn.
Und gerade die Freude am Erlebnis, die Spannung des kalkulierbaren Abenteuers, die Begegnung mit tagscheuen Tieren und das ausgiebige Beobachten biologischer Vorgänge aus sicherer Deckung heraus im Schutz des Lampenstrahles machen den Nachttauchgang zur besonderen Attraktion. Es ist ein ausgesprochen schönes Erlebnis, wenn Dinge registriert werden, die andere nicht einmal vom Hörensagen kennen. Das schwerelose Gleiten im schwarzen Wasser vor der interessanten Uferzone kann an Abwechslung kaum übertroffen werden.
Wird das Nachttauchen überlegt geplant, so verringert sich das Risiko bei diesem mitternächtlichen Abenteuer im Wasser auf die Fahrt zum Gewässer. Wer diesen Genuß einmal 'verschmeckt' hat, läßt die nächtliche UW-Welt nicht nur Revue passieren, er plant vielmehr schon den nächsten Trip zu seinem See.

UW-FOTOGRAFIE

Fotografieren in trüben Gewässern

Der Großteil aller Binnengewässer weist leider nur sehr bescheidene Sichtweiten auf. Zwar gibt es hin und wieder auch mal extrem gute Tage, an denen die Transparenz überdurchschnittlich ansteigt, auch echte Kristallgewässer finden sich noch hie und da, aber das bleiben die Ausnahmen. Hat ein See eine horizontale Sichtweite von realen 5 m, dann muß man als UW-Fotograf schon recht zufrieden sein. Oftmals sind es weniger, und dann beginnen die Probleme.
Grundsätzlich muß man sich merken, daß bei Sichtweiten unter 1 m spezielle Fotoausrüstungen vonnöten sind. Vielfach ist es bei fehlender Spezial-Ausrüstung besser, man läßt es ganz sein. Was nämlich fotografisch nicht machbar ist, kann man auch mit viel Ehrgeiz und Fleiß nicht erzwingen. Sie benötigen für sehr trübe Gewässer entweder ein Fischaugenobjektiv oder eine Ausrüstung für den extremen Makrobereich in den Maßstäben 1:1 oder 2:1.
Zum Glück liegt, wie gesagt, die Sichtweite in den meisten Gewässern im Bereich von 2 bis 5 m. Das ist, wenn auch nicht gerade extrem gut, so doch ausreichend. Zur Erzielung wirklich guter UW-Fotos sind jedoch besondere Vorkehrungen und Verfahrensweisen erforderlich.

Objektive:
Wie man sich auch entscheidet, es gelten immer zwei Regeln. Das Objektiv sollte das Motiv so groß wie nur möglich abbilden. Ist dies nicht möglich, muß sich das Objektiv auf sehr kurze Distanz einstellen lassen, damit eine Reduzierung der Schwebeteilchen vor der Linse erreicht wird.
Zum Einsatz kommen daher nur Makroobjektive (oder auch Zwischenringe und Vorsatzlinsen) und Weitwinkelobjektive. Da alles natürlich eine Frage der Finanzen und des Engagements ist, muß jeder seinen adäquaten und sinnvollen Rahmen selbst abstecken. Empfehlungen für ein bestimmtes Objektiv möchte ich an dieser Stelle daher nicht abgeben, nur soviel: es sollte mindestens ein 28er sein, wenn Sie sich für den Weitwinkelbereich entscheiden. Und achten Sie insbesondere auf die kürzeste Einstellentfernung von der Filmebene zum Objekt; hier sollte das obere Limit bei 0,3 m liegen. Je kürzer, desto besser.
Bei Makroobjektiven ist eine Brennweite von 50 bis 60 mm ideal, bei einem Abbildungsmaßstab von mindestens 1:2. Makroobjektive längerer Brennweiten (90 bis 110 mm) müssen den Maßstab 1:1 erreichen, weil sonst die Aufnahmen infolge der größeren Aufnahmedistanz an Kontrast verlieren. Das sind ganz wesentliche Punkte, die mitentscheidend sind, soll sich der fotografische Erfolg einstellen.

Tip:
Viele der für unsere Zwecke geeigneten Objektive finden sich bei Fremdherstellern im Angebot. Es muß nicht notwendigerweise ein teures Original sein, wenn man unter Wasser fotografieren will. Auch gebrauchte Objektive machen gute Bilder. Ist die mechanische Übertragung in Ordnung und zeigen sich keine sichtbaren Mängel, so ist der Gelegenheitskauf durchaus oftmals ein gutes Geschäft für den Käufer. Wer der Sache mißtraut, sollte einen Probefilm machen. Wählen Sie dafür feinstrukturierte Motive aus, damit sich Schärfe und Auflösungsvermögen des Linsensystems feststellen lassen.

Filme:
Je trüber das Wasser, desto feinkörniger und schärfer sollte der Film sein. Das ist eine Idealvorstellung, die sich aber nicht immer realisieren läßt, da man in trübem Wasser den Blitz nicht immer mit gutem Gewissen einsetzen kann.

Merke:
Hochempfindliches Filmmaterial ist relativ gesehen stets grobkörniger als niederempfindliches. Auch ist dessen Farbsättigung wesentlich schlechter. Die fatale Eigenschaft aller hyperschnellen Dia-Filme (man verwendet keine Farbfilme) liegt in der Kornexponierung bei freien Wasserflächen. Ist das Motiv unruhig und strukturell zersplittert (Wasserpflanzen etc.), fällt allerdings dieser Nachteil kaum auf. Dia-Filme mit Empfindlichkeiten von ISO 25/15° bis ISO 100/21° können in der Regel nur mit Kunstlicht belichtet werden. Eine Ausnahme bilden Gegenlichtaufnahmen, deren Brillanz um so mehr zum Tragen kommt, je kleiner die Aufnahmedistanz ist. Mit extrem feinkörnigen Filmen lassen sich auch die unvermeidlichen Schwebeteilchen kompositionell in die Bildgestaltung integrieren. Infolge der hohen Schärfe empfindet man die Trübheit dann nicht mehr so störend, sie ist im Gegenteil Bestandteil des Gewässers.

Mit und ohne Blitz:
Die Entscheidung für oder gegen den Einsatz des Blitzes hängt ursächlich mit der Filmempfindlichkeit und dem Motiv zusammen. Grundsätzlich muß der lichtdurchflutete Raum vor der Aufnahmelinse so klein wie nur möglich gehalten werden, denn jedes überflüssig angestrahlte Schwebeteilchen verschlechtert den Kontrast und steigert das Reflexionsvermögen der Trübschicht. Wird diese Grundregel nicht beachtet, sind schlierige und diffuse Aufnahmen die Folge. Liegen die horizontalen Sichtweiten im Bereich von 3 bis 4 m, kann eine Blitzentfernung zum Motiv von ca. 0,5 m als oberster Wert toleriert werden. Mit schwindender Sicht muß sich analog der Lichtweg verkürzen. Bei 1 m Sichtweite liegt die optimale Blitzdistanz bei nur noch 10 cm. Nicht immer läßt sich das Optimale verwirklichen, dann muß man eben Kompromisse eingehen.

Viele Blitzgeräte sind computergesteuert. Die Hersteller versprechen zwar ein narrensicheres und unbeschwertes Blitzen, aber die Realität straft oft die allzu schönen Werbesprüche Lügen. Computerblitzgeräte sind mit gutem Gewissen nur bei einer Sichtweite von 3 m und mehr zu empfehlen. Der externe Sensor muß nahe am Objektiv sitzen, damit es nicht zu Fehlmessungen kommt. Blitzgeräte mit Computersteuerung sollten sich der Flexibilität wegen auf manuellen Betrieb umstellen lassen. Im extremen Nahbereich ist der Computer mitunter überfordert, wenn er nicht schnell genug die Lichtmenge dosieren kann bzw. die Blitzzeit bei verringerter Aufnahmedistanz zu kurz wird. Das Resultat sind dann entweder zu helle Bilder oder der Blaustich. Die meisten Computerblitzgeräte dürfen daher erst ab einer Distanz von 0,3 m und mehr eingesetzt werden.
Etwas mehr vom Zufall als von der Absicht des Fotografen beeinflußt werden die Bildergebnisse dann, wenn sich das Computerauge von den angestrahlten Sedimentpartikeln täuschen läßt. Nur mit viel Erfahrung meistert man solche Situationen, indem man gefühlsmäßig regulierend in den automatischen Belichtungsablauf eingreift, d.h. die Blende manuell reguliert.
Die vorläufige Krone der computerisierten Belichtung ist die sogenannte TTL-Steuerung. Hier sitzt die Meßzelle in der Kamera (und zwar vor der Filmebene) und steuert das durch das Objektiv einfallende Licht in Abhängigkeit vom Blendenwert. Das ist ein gewaltiger Vorteil, denn man ist nun nicht mehr an starre Arbeitsblenden gebunden, sondern kann ganz nach Belieben diejenige Schärfentiefe wählen, die zum Motiv paßt. Der Versuchung, im Trübwasser Mischlichtaufnahmen gestalten zu wollen, sollten Sie nach Möglichkeit widerstehen, wenn die Sicht geringer als 2 m ist. Das einzige, was Sie dadurch bewirken, ist ein graubrauner Hintergrund, vor dem sich das Objekt nicht mehr konturenscharf auflöst.
Auch die TTL-Blitzmessung ist nicht immer optimal, wenn die Schwebeteilchen dicht an dicht stehen. Vor allem sollte man sich hüten, allzu frontal zu blitzen. Auch die beste Blitzsteuerung ist da überfordert. Da die TTL-Messung über die Blendenöffnung gesteuert wird, sollte die Kamera über ein Regulativ in Form einer Plus-Minus-Empfindlichkeitseinstellung verfügen. Durch diesen Korrekturbereich (meist $\pm$ 2 Blendenstufen) können die Einflüsse von Effektlicht, Gegenlicht und Streulicht ausgemerzt werden.

Motive:
Mit geeigneten Weitwinkelobjektiven und Fisheye-Linsen lassen sich durchaus auch bei mäßiger Transparenz stimmungsvolle Taucheraufnahmen und Stilleben in die Tat bzw. ins Bild umsetzen. Es kommt dabei selbstverständlich auf den optischen Inhalt des Gewässers an. Ein kahler See mit beschränkter Sicht gibt eben nicht viel her. Dagegen kann ein ausgesprochen trübes Gewässer durchaus eine Menge fotografischer Reize bieten.

Dankbare Motive sind immer Pflanzen. Man kann sich ihnen ungestört nähern, sie bleiben auch nach vielen Ablichtungen stationär und gestatten ungetrübtes Experimentieren.
Fische fotografiert man in trüben Gewässern vornehmlich nachts. Der Grund hierfür liegt in erster Linie in der Reduzierung der optischen Distanz. Weniger sichtbares trübes Wasser vor der Linse bedeutet mehr Brillanz und bessere Schärfe auf dem Bild. Bei Taucheraufnahmen ist darauf zu achten, daß in Maßen eingesetzte Effektleuchten das Bild beleben können. Schwebt der Tauchpartner in größerer Entfernung als der halben totalen Sichtweite, darf man nicht mehr formatfüllend blitzen. Allenfalls ein Sklaven-oder Kabelblitz sollte dann noch zur Steigerung der Stimmung herangezogen werden. Die wohl ansprechendsten Aufnahmen zum Thema 'Taucher in seinem Element' gestaltet man bei natürlichem Licht mit Bildwinkeln über 80° diagonal (mehr ist sogar noch besser), so daß der tauchende Mensch in seinem Bezug zum Umfeld sichtbar wird. Erleichtert wird dies natürlich durch sehr kurze Brennweiten bis hinab zum kreisrund abzeichnenden Fisheye. Der Fantasie und dem Einfallsreichtum sind da wenig Grenzen gesetzt.
Im krassen Gegensatz hierzu steht die Makrowelt. Wenn es ganz dick kommt - also wenig Licht und trübes Wasser - vermittelt der Schritt in die Welt des Kleinen noch immer das Gefühl, nicht ganz erfolglos gewesen zu sein. Zuckmückenlarven, Wasserasseln, Milben, Schwimmkäfer und Wasserzikaden geben eine Fülle von Motiven ab. Die Fotojagd auf das Kleingetier eines Gewässers kann so spannend sein wie die Begegnung mit einem Riesenhecht. Man muß nur die Maßstäbe zurechtrücken und die Makrowelt mit einem anderen Bewußtsein betrachten, dann bietet jedes Gewässer fotografisch Reizvolles, und sei das Wasser auch noch so trüb.

DIE KÄRNTNER SEEN

100 Seen und kein Ende

Kärnten ist, bezogen auf die Grundfläche, das seenreichste Gebiet Mitteleuropas. Bei der Erfassung aller Tümpel, Teiche, Weiher, Seen und Kiesgruben kam man auf die fast unglaubliche Anzahl von 1290 Gewässern. Nicht enthalten in dieser astronomischen Zahl sind unzählige Flußanstauungen und Nebenarme von Flüssen, so daß man als Taucher bei mehr als 1300 Gewässern eine riesige Auswahl vorfindet. Selbstverständlich sind davon nur etwa 10 % für den Tauchsport geeignet, dennoch bleibt Kärnten ein Taucherparadies mit ungeahnten Möglichkeiten. Eine Lebensaufgabe für Enthusiasten!
Mit Ausnahme der echten Bergseen haben Kärntens Gewässer durchweg angenehme Wassertemperaturen. In den Sommermonaten wird deshalb ein Trockentauchanzug nicht unbedingt benötigt. Die fast schon milden Gewässertemperaturen beschleunigen allerdings die Entstehung von Trübschichten und begünstigen auch ein verstärktes Algenwachstum. Extreme Sichtweiten sind darum selten, wenngleich Seen und Flußstaus mit guten 10 bis 15 m horizontaler Transparenz anzutreffen sind. Die Sichtweite schwankt je nach Witterungseinfluß und Jahreszeit zwischen 3 und 7 m, wohlbemerkt bei bis zu 28 °C Wassertemperatur. Derartige Konstellationen sind außerhalb Kärntens in Mitteleuropa im Süßwasser äußerst selten anzutreffen.

Flora:
Im warmen Wasser der Uferzonen - und nicht nur dort - wuchern die verschiedenartigsten Pflanzen in großer Zahl und Dichte. Bemerkenswert sind auch die Wachstumshöhen. Ich habe in vielen Seen weitab vom Ufer und an exponierten Untiefen wogende Wälder von Pflanzen entdeckt, in denen ein gewaltiger Fischreichtum herrscht.
Große Teile der bekannten Badeseen haben einen ökologisch wertvollen Pflanzengürtel aus Schilf, der von den Behörden und den Anrainern geschützt und gepflegt wird. Das in den letzten Jahren gewachsene Umweltbewußtsein wird in Kärnten besonders an vielbesuchten und überlaufenen Badeseen sichtbar. Es gibt kein Gewässer, an dem man Pflanzen und Tiere nicht an besonderen Stellen vor dem Zulauf der Badegäste geschützt hätte. Die in diesem Tauchführer vorgestellten Seen weisen deshalb gerade auch im Hinblick auf die Flora Überdurchschnittliches vor.
Geschützt sind überall die wild wachsenden Seerosenfelder. Bitte nicht mutwillig Blüten abreißen und durch die filigranen Pflanzenstengel tauchen!
Das Tausendblatt entfaltet seine Schönheit gemeinsam mit den feinen Fäden zarter Schleimalgengebilde.

Im Wörthersee, unweit der Tauchschule Atlantis, habe ich inmitten pastellgrüner Algen rötliche Wasserlilienblätter gesehen. Ein fantastischer Anblick! Armleuchteralgen, Tannwedel und das Laichkraut sind sehr verbreitet. In den Flußniederungen und Nebenarmen rankt sich das große Nixkraut vom Grund bis zur Wasseroberfläche. Die sonst nur bis zu 50 cm lang werdenden, stark verästelten Stengel werden in den Altwassern und stillen Seen Kärntens extrem groß; fast 1 m konnte ich an einzelnen Nixkraut-Pflanzen im Linsendorfersee messen.
In den Moorseen höher gelegener Regionen hat sich eines der seltsamsten Wassergewächse angesiedelt, die Wassernuß. Diese außergewöhnlich seltene Pflanze treibt an der Oberfläche und wird als schwimmende Wasserpflanze bis zu 2 m lang. Ihr Samen ist eßbar. Das Aussehen gleicht einer Rosette, ist also sehr fotogen. Diese regional bereits ausgestorbene Wasserpflanze sollte man nicht abpflücken, sie bedarf unseres besonderen Schutzes.

Fauna:
Der Fischreichtum der Kärntner Seen ist sprichwörtlich. Zwar ist die örtliche Berufsfischerei stark zurückgegangen - nur noch wenige Fischer von Berufs wegen sind übriggeblieben -, doch dieser Niedergang eines der ältesten Berufe der Welt hat eher infrastrukturelle Gründe. Nahezu alle Vertreter der 'schwimmenden Zunft' tummeln sich in den unzähligen Gewässern.
Die in den Sommermonaten stark ansteigenden Wassertemperaturen begünstigen das Wachstum vieler Fischarten wie z.B. des Aals und aller Karpfenfische. In den Tiefen der großen Gewässer hausen gigantische Welse. Fangrekorde von 100 kg Lebendgewicht bei Längen von fast 2 m wurden schon registriert. Gewaltige Dimensionen nehmen auch die Aale an: armdick und fast 1,5 m lang fängt man sie im Wörthersee, weit draußen in den Untiefen aufgeschütteter Schotterhügel. Alle Flußnebenarme, -staus und Bachseen wimmeln sozusagen von Flußbarschen. Diese Spezies bildet dichte Schwärme in der Nähe einströmender Gewässer und fallender Zuflüsse (Bergbäche, kleine Wasserfälle usw.). Es sind sehr interessante und seltene Aufnahmen von Schwarmfischen möglich, wenn man sich vorsichtig nähert.
Die Flachzonen sind ausgesprochen dicht von Kleintieren, Krebsen, Amphibien, Wasserschlangen und Wasserinsekten besiedelt. Auch die sonst seltenen Gelbbauchunken sind noch recht zahlreich in Flachteichen und Tümpeln zu beobachten.
In Moorseen lauert der Gelbrandkäfer, und zwischen den Stengeln der Seerosen gehen räuberische Libellenlarven auf Beutefang.
Die Kärntner Seen sind ein Paradies für den engagierten Tierfotografen. Vielseitig, zahlreich und voller Abwechslung bieten sich die Motive. Da gibt es Gewässer, in denen es nur so von Krebsen wimmelt, daß man meinen könnte, alles andere Leben sei von diesen Scherenrittern ausgelöscht, bis die Schatten von riesigen Karpfen auftauchen, deren Flossen eine undurchdringliche Schlammwand emporwirbeln.

Dann wiederum begegnet man fast überdimensionalen Brachsen, gefolgt von neugierigen Weißfischen und frechen Sonnenbarschen. Nicht zuletzt erwartet den Taucher im Afritzersee ein Bonbon besonderer Art in Form unzähliger Muscheln. Wie die zahllosen blauen Siphonen das Wasser filtern, ist sogar an der Klarheit des umgebenden Mediums feststellbar.
Bis in den Sommer hinein ertönen an hochgelegenen Seen die Lockrufe seltener Krötenarten. Hier gibt es sie noch, die Wechsel- und Geburtshelfer-Kröten. Dort, wohin der Mensch noch keine Straßen gebaut hat, wohin man in anstrengendem Fußmarsch gehen muß, dort sind die letzten Refugien dieser eigenartigen Geschöpfe, deren Metamorphose vom Ei über die Kaulquappe zum fertigen Lungenatmer zu den ganz großen Wundern tierischen Lebens gehört.

Archäologische Funde und Waffen:
Seit Jahrtausenden leben an den Ufern der Kärntner Seen Menschen. Zivilisationsrückstände, Abfall, aber auch Kulturgüter von Wert ruhen deshalb in allen Gewässern nur unweit der heutigen Uferzonen.
Viele Seen gelten als pfahlbauverdächtig, auch wenn Beweise bis jetzt noch fehlen. Grundsätzlich ist das Tauchen in Pfahlbauten verboten. Erkundigen Sie sich bitte vor dem Tauchgang, ob in dem von Ihnen ausgesuchten See nicht wegen eventueller behördlicher Grabetätigkeiten ein vorübergehendes Tauchverbot besteht. Bitte mißachten Sie solche restriktiven Maßnahmen auf keinen Fall. Ein gutes Verhältnis zu den ansässigen Behörden und zum Bundesdenkmalamt in Wien kann dem Tauchsport nur nützlich sein. Es sollte unser aller Anliegen sein, die Kontakte zu pflegen und unsere lauteren Absichten kundzutun. Neben den offiziellen Kulturschutzzonen (zu denen die Pfahlbauten zählen) gibt es noch unzählige Stellen, z.B. alte Bootsstege, an denen man interessante, aber kulturell unbedeutende Funde machen kann.
Wer Spaß an rostigen Nägeln, vergammelten Bügeleisen, zerbrochenen Tellern und altem Besteck hat, kann durchaus fündig werden. Vergessen Sie über Ihrer Wühlerei nicht das Umfeld. In Schilfzonen und malerischen Pflanzenbuchten sollte man nicht graben, da hierdurch biologische Schäden von nicht kalkulierbarem Ausmaß entstehen.
Werden wirkliche archäologische Funde gemacht, ist die Fundstelle zu markieren und der örtlichen Gendarmerie Mitteilung zu machen. Die Fundstücke müssen registriert werden, eventuelles späteres Abliefern kann bei Bedarf erfolgen.
Ein anderes Kapitel sind Waffenfunde. Kärntens Seen sind teilweise übersät mit fragwürdigen Überresten aus dem Dritten Reich. Ganze Wagenladungen von Stiletten, Handgranaten und Panzerfäusten haben die Militärs nach Kriegsende in die Gewässer gekippt. Noch heute findet man Stellen, an denen Stielhandgranaten wie Steckmuscheln aus dem Schlamm ragen.
Das alles ist nicht ungefährlich, von der Materie her und auch von der Tiefe, denn viele

der Waffenkisten sind mittlerweile auf 60 m Tiefe hinabgerutscht. Schon deshalb verbietet der gesunde Menschenverstand ein gezieltes Suchen. Abgesehen davon ist Waffentauchen streng verboten. Sie riskieren die Beschlagnahme Ihrer gesamten Ausrüstung und handeln sich obendrein noch eine Menge Ärger und Verdruß ein.
Unterschätzen Sie die Gendarmerie nicht! Die Fundstellen für Waffen sind den Behörden mittlerweile bekannt. Wer nachts in deren Nähe taucht, wird gelegentlich auch kontrolliert: was er denn so mitbringt und was eventuell im Kofferraum des Wagens lagert. Professionelle Waffentaucher sind den Behörden ein Dorn im Auge, seit Sprengstoffe und Waffen aus Kärntner Seen in verschiedenen Terroristenszenen aufgetaucht sind.
Noch einmal ganz deutlich: Lassen Sie das Zeug liegen und suchen Sie Ihre Befriedigung im Tauchsport allgemein mit seiner ganzen Schönheit, seiner Einzigartigkeit und der Faszination von Unterwasserfilm- und -fotografie.

Die Kärntner Seen in alphabetischer Reihenfolge

Name des Sees	Seehöhe (m)	max. Tiefe (m)	Fläche (ha)
1. Afritzersee	752	22	48,7
2. Basaltmine	412	24	4,58
3. Baßgeigensee	510	6	2,06
4. Brennsee	747	20	41,2
5. Faakersee	554	29	220,0
6. Falkertsee	1.872	13	4,27
7. Feistritzerstausee	462	22	480,0
8. Ferlacherstausee	441	20	350,0
9. Forellenteiche	560	1,5	0,7
10. Forstsee	601	35	29,0
11. Freibachstausee	733	32	35,0
12. Galgenbichl-Vorspeicher	1.750	50	27,0
13. Goggausee	770	12	10,0
14. Gößkarsspeichersee	1.707	50	11,1
15. Großglocknerlacke	2.050	3	5,8
16. Großsee	2.402	31	8,6
17. Kegelesee	2.151	30	1,05
18. Keutschachersee	506	15	132,7
19. Klopeinersee	446	48	110,6
20. Kölnbreinspeicher	1.900	190	255,0
21. Längsee	550	21	74,8
22. Lendkanal	440	6	19,7
23. Linsendorfersee	300	15	24,8
24. Maltschachersee	594	7	12,9
25. Margaritzesee (oberer)	2.070	18	4,3
26. Margaritzesee (unterer)	2.000	45	18,6
27. Melniksee	2.440	13	2,4
28. Millstättersee	588	141	132,8
29. Möllsee	747	3	16,6
30. Moosburgerteiche	530	6	25,5
31. Oscheniksee (großer)	2.394	186	41,0

Name des Sees	Seehöhe (m)	max. Tiefe (m)	Fläche (ha)
32. Oscheniksee (kleiner)	2.321	2	1,6
33. Ossiachersee	501	52	1.078,7
34. Rauschelesee	514	12	19,1
35. Rosensee	440	8	3,8
36. Schmelzwasserlacke	2.110	2	1,1
37. Spintikteiche	600	6,5/2,5	8,4/2,9
38. Stappitzersee	1.270	12	4,76
39. Tierparkteiche	840	4	0,9
40. Trattnigteich	550	4	3,6
41. Urbansee	745	3	90,0
42. Weißensee	930	99	660,0
43. Wörthersee	440	85	1.938,8
44. Wolayersee	1.951	14	3,83
45. Zmulnersee	530	8	1,2

Der Afritzersee

Seehöhe: 752 m, max. Tiefe: 22 m

Der Afritzersee ist auf Landkarten verzeichnet. Fährt man vom Wörthersee in Richtung Millstättersee (Radenthein), so liegt das Gewässer nach 46 km Wegstrecke gut zugänglich direkt neben der Bundesstraße beim Ort Scherzboden. Park- und Halteplätze erleichtern den Zugang zum See.
Der relativ flache, durchschnittlich nur 5 bis 10 m tiefe Afritzersee ist einer der Seen, in die man immer wieder gern hineinsteigt, trotz der oft nur mäßigen Sichtweiten von 2 bis 5 m. Ursache ist der ausgeprägte Pflanzenbewuchs, der in solchen Dimensionen wuchert, daß man nur noch staunen kann. Weit mehr als Mannshöhe erreichen die Tausendblattstengel in dichtem Gewirr. Ein Durchtauchen ist stellenweise nicht möglich, so dicht steht das Kraut. Fast der gesamte Seeboden ist von Hornkraut und Armleuchteralgen bedeckt. Inmitten des Dickichts schwimmen viele Hechte, Schleien, Karpfen und große Aitel. Leider sind die Fische etwas scheu, weil die Gewöhnung an Taucher fehlt. Der Afritzersee ist kein überlaufenes Tauchgewässer und nur gelegentlich wird er von Fotografen aufgesucht.
In der Nähe des kleinen Zuflusses gibt es viele Rotfedern, hier ist das Wasser etwas klarer. Jahreszeitlich verschieden beträgt die Sichtweite mitunter bis zu 7 m. An den wenigen tieferen Stellen ist der Seeboden von dickem Schlick überzogen. Er gilt übrigens als stark waffen- und munitionsverdächtig. Ende des zweiten Weltkrieges, so wird gemunkelt, haben Besatzungstruppen kistenweise scharfe Munition und Waffen versenkt. Die Stellen sollen geheim sein.
Einzigartig sind die Muschelkolonien. Praktisch an jeder Pflanze, an jedem versunkenen Ast und jeder Bohle an den Fischerhütten hängen diese fotogenen Mollusken. Auch Teile des Uferbodens sind wie mit Schotter überzogen, bei näherem Hinsehen entdeckt man dann: es sind alles Muscheln.
Im Bereich der Muschelfelder ist der See stellenweise oft unwirklich klar - aufgrund des durch die Muschelsiphonen gefilterten Wassers, so daß Blitzaufnahmen auch besonders im abwechslungsreichen Nah- und Makrobereich kein Problem darstellen.
Als einer der wenigen Seen Österreichs beherbergt der Afritzersee auch die bunten Sonnenbarsche. Man traut es dem relativ kleinen Gewässer kaum zu, aber neben Welsen finden sich wahre Ungeheuer von Hechten. Der größte bisher gefangene Esox wog 21 kg und war 141 cm lang! Das Krokodil - wie Kinder diesen Giganten nanntenvertrieb aufgrund seiner Ausmaße sogar Badegäste, die sich nach einem Scheinangriff auf einen Schwimmer bedroht fühlten...

Die Basaltmine

Seehöhe: 412 m, max. Tiefe: 24 m

In jeder Hinsicht ein Gewässer der Superlative!
Kärntens einzige Basaltmine, im Lavanttal gelegen, ist das Überbleibsel kommerzieller Steinwollgewinnung. Nachdem die Grube aus wirtschaftlichen Gründen aufgegeben wurde, füllte sich das 100 m breite Loch bis über 20 m hoch mit Grundwasser. Regen und Schnee taten ein übriges, um die Wassertiefe zusätzlich zu maximieren. Aufgrund fehlender Fische konnte sich eine Teich- und Tümpel-Fauna entwickeln, die in Österreich Seltenheitswert hat. Gelbbauchunken, Kammolche, Libellenlarven, alle Arten von Mückenlarven und große Kolonien heimischer Wasserschnecken leben hier wie in einem riesigen Schlaraffenland.
Die senkrecht abfallenden Wände bedingen eine völlig andere Lebensweise der angesiedelten Kleintiere. So hat man beobachtet, daß die Amphibien bis in eine Tiefe von 12 m hinabtauchen. Selbst Rückenschwimmer, sonst reine Oberflächenjäger, wurden in 7 m Tiefe freischwimmend entdeckt. Das Unglaublichste sind jedoch die Körpermaße der Amphibien. Gut das 1,5- bis 2fache der sonst üblichen Normallänge erzielen Unken und Molche hier. Beinahe wie vorzeitliche Ungeheuer tauchen und krabbeln sie an den dunklen Basaltwänden entlang. Auf unter Wasser gelegenen Felsvorsprüngen wachsen kleine Bäumchen und Sträucher, die - wie mit feinem Zucker - von zarten Schleimalgen umsponnen sind. Rötliche Schmarotzerpflanzen sitzen, Farbtupfern gleich, in den gelbgrünen Gespinsten.
Obwohl die Basaltmine keinen Abfluß aufweist, ist die Sicht außergewöhnlich gut; 8 bis 12 m horizontal sind hier fast normal. Reste des geologischen Abbaus in Form von alten Wasserpumpen, Feuerwehrschläuchen, Eisenstangen und Metall sind mittlerweile in die Unterwasserwelt integriert. Pflanzen und Tiere haben von ihnen Besitz ergriffen.

Hinweise:

1. Kleinkinder bitte ständig beaufsichtigen. Der freie Fall vom Minenrand bis zum Wasser beträgt gut 50 m.
2. Nichtschwimmer müssen **immer** sogenannte Schwimmhilfen tragen, denn es gibt keine Flachzone. Abrupt fällt die Wand unter Wasser in die Tiefe ab.
3. Nur sehr geländegängige Fahrzeuge können den steilen Weg bis zum Wasser hinunterfahren. Wer kein derartiges Gefährt hat, muß die Ausrüstung tragen. Die Anstrengung lohnt sich aber in jedem Fall.
4. Teile der Basaltmine liegen ganztätig im Schatten. Wählen Sie deshalb vorher Objektiv, Film und Kamera sorgfältig aus. Das Fotografieren der Kleintiere ist nur mit Blitz möglich.
5. Die Basaltmine ist der Lebensraum gefährdeter und geschützter Tiere. Ein

Besuch ist möglich, muß jedoch vorher abgestimmt werden mit:
Kärntner Institut für Seenforschung
Dr. Norbert Schulz
Flatschacherstr. 70
A-9020 Klagenfurt
oder:
Tauchschule ATLANTIS
Ferdinand Strutz
Bad Stichstr. 20
A-9201 Krumpendorf/Wörthersee

6. Aus besagtem Grund ist dieses Gewässer **nicht** für große Tauchergruppen und Clubausflüge geeignet.
7. Es wird an das Verantwortungsbewußtsein eines jeden Besuchers der Basaltmine appelliert. Abfälle etc. müssen ausnahmslos wieder mitgenommen werden. Das Einsammeln der Amphibien ist streng verboten. Tauchen Sie mit Bedacht und Umsicht!

Der Baßgeigensee

Seehöhe: 510 m, max. Tiefe: 6 m

Seinen Namen hat dieser See von der baßgeigenähnlichen Form; auf regionalen Karten ist er verzeichnet. Ein Hinweisschild an der Straße von Klagenfurt nach Keutschach erinnert an das versteckte Kleinod. Da der See von einem dichten Schilf- und Schwemmgrasgürtel (sumpfiger Untergrund!) umgeben ist, gelangen nur wenige Taucher an sein Ufer.
Ein kleiner Fußweg, der durch den Wald ans Wasser führt, ist für den motorisierten Verkehr gesperrt. Vorsicht! Das Holzbrückchen am Ende des Weges trägt kein Auto; allzu bequeme Taucher sind dort schon eingebrochen! Dann verhängt die Forstverwaltung obendrein noch ein saftiges Bußgeld. Man muß seine Gerätschaft ca. 200 m weit tragen, was letztlich auch zur Unberührtheit des Sees beigetragen hat. Der beste Einstieg ist der Platz unter dem Hochsitz. Dort findet man trotz des feuchten Geländes noch einige trockene Stellen, an denen man Kleidung und Ausrüstungsgegenstände deponieren kann.
Seerosen wachsen, wohin man blickt. Schon am 6 m tiefen Schlammgrund breiten sich die großen hellgrünen Blätter wie kleine Tische aus. Die Stengel der Blüten werden mehrere Meter hoch. Durch die dichtstehende Flora bahnt sich das Sonnenlicht bündelweise den Weg in die Tiefe. Im Baßgeigensee gibt es das größte Sumpfdeckelschneckenvorkommen Mitteleuropas. Ganze Kolonien dieser Mollusken bedecken die teilweise überhängenden Uferzonen.

Die Sichtweiten schwanken je nach Jahreszeit ganz erheblich. Bis in den Frühsommer hinein ist das Wasser relativ trübe - Sicht ca. 2 bis 4 m -, um dann zum Ausgang des Sommers hin aufzuklaren, bis schließlich im Herbst Transparenzen von bis zu 15 m und mehr möglich werden.
Die Fauna ist allerdings nicht gerade berauschend. Einige Forellen, Schleien und kümmerliche Weißfische ziehen umher, jedoch gibt es in und am See viele Frösche. Tauchende Ringelnattern sind daher keine Seltenheit. Das Gewässer war schon wiederholt Schauplatz in preisgekrönten Süßwasserfilmen.
Längerer Aufenthalt im Baßgeigensee zwingt zu warmen Tauchanzügen, am besten ist Trockentauchen. Durch Quellen und kleine, teils unterirdische Zuflüsse ist das Wasser ständig kalt, und zwar überdurchschnittlich kalt im Vergleich zu vielen anderen Seen in Kärnten.
Im Baßgeigensee sollten Sie besonders vorsichtig mit Flossenbewegungen sein, damit der feine Mulm nicht explosionsartig mit seinen Sedimentteilchen alle Pflanzen überdeckt.
Vorsicht: Niemals Kameras oder Scheinwerfer unter Wasser ablegen (oder fallen lassen), denn jeder Gegenstand versinkt sofort unauffindbar in einer meterdicken Schlammschicht. Infolge des moorartigen Untergrundes ist auch auf den Einsatz des Blitzlichtes weitgehend zu verzichten. Verwenden Sie besser einen mittelempfindlichen Film (ca. 200 ASA) und versuchen Sie, die Stimmungen dieses einzigartigen Sees mit dem vorhandenen Tageslicht einzufangen.

Der Brennsee

Seehöhe: 747 m, max. Tiefe: 20 m

Fährt man am Afritzersee in Richtung Feld vorbei, stößt man nach wenigen Kilometern rechter Hand auf ein mooriges Gewässer, den Brennsee. Er ist ein sogenannter Warmbadesee, daher herrscht in den Sommermonaten reger Badebetrieb. Zunehmender Surfsport und auch die vorhandenen Segelboote erfordern erhöhte Aufmerksamkeit.
In den Uferzonen wird die UW-Welt von reizvollem Pflanzenbewuchs geprägt. Trotz der mäßigen Sicht (2 bis 4 m) gelingen hier mit Weitwinkelobjektiven malerische Landschaftsaufnahmen. Unter den zahlreichen Fischerstegen halten sich oft größere Hechte auf. Bitte um die angelnden Urlauber und Sportfischer in größerem Bogen herumschwimmen.
Nachts sieht man viele Weißfische und Karpfen. Da der Brennsee im Winter gänzlich zufriert, eignet er sich auch gut für das Eistauchen. Fotografen können angeseilt unter dem Eis die über ihnen aktiven Eisstockschützen beobachten und ablichten.
Mit Parkmöglichkeiten direkt am See ist es leider nicht besonders gut bestellt.

Keinesfalls darf man jedoch die angrenzenden Wiesen zum Abstellen des Fahrzeuges benutzen. Das bringt Ärger mit den Bauern, aus verständlichem Grund. Tragen Sie die Tauchausrüstung ein kleines Stück bis zum Seeufer, auch wenn's schwerfällt. Makrofans finden im Nahbereich lohnende Motive. Viele Wasserschnecken, Larven und Schwimmkäfer tummeln sich im Kraut. Und in der angrenzenden Ortschaft Feld am See läßt es sich nach dem Tauchgang gut jausen.
Der Brennsee wurde in frühgeschichtlicher Zeit durch einen Bergsturz vom Mirnock-Gebirgszug (2.110 m) getrennt.

Der Faakersee

Seehöhe: 554 m, max. Tiefe: 29 m

Leider sind an diesem südlichsten Kärntner Badesee größerer Prägung die Ufer fast vollständig verbaut. Ungehinderten Zugang findet man nur über die öffentlichen Bäder und Campingplätze. Das Ostufer des Faakersees ist ein einziges Konglomerat von Strandbädern und Campinglagern. Weite Teile des Umlandes wurden rechtzeitig als Landschaftsschutzzonen ausgewiesen, so daß noch große Flächen der Schilf- und Verlandungsbereiche in naturbelassenem Zustand sind. Um an die tauchsportlich interessantesten Stellen zu gelangen, muß man ein Ruderboot mieten. Motorbootfahren ist mit Ausnahme der gewerblichen Linienschiffahrt und der Wasserskischulen nicht erlaubt.
Eigentlich ist der Faakersee ein Privatsee, sein Betreten ist jedoch jedermann gestattet. Das Seebecken wurde in der Eiszeit geformt, mitten hindurch zieht sich eine schwellenartige Erhebung (von West nach Ost), die im Westbecken als 12 m hohe Insel auch an der Seeoberfläche erkennbar wird. Um die Insel herum befinden sich attraktive Tauchgründe mit idyllischen 'Pflanzenbuchten' und reichhaltigem Fischbestand. Große Seeforellen, Welse, Hechte, Zander und viele Weißfische beherrschen neben Schleien und Karpfen die UW-Welt. Der Reinankenbestand ist natürlich, nicht Besatz, und stellt im Vergleich mit den anderen Kärntner Seen eine Seltenheit dar. Berufsmäßiges Fischen gibt es seit Anfang der 80er Jahre nicht mehr. Die Wasserqualität des Faakersees ist fast ohne Fehl und Tadel. Auffällige Eutrophierungserscheinungen konnten noch nicht festgestellt werden. Man führt dies zurück auf das Einschwemmen von Kalkpartikeln über die Zuflüsse, insbesondere die Worounitza, während der Schneeschmelze im Frühjahr. Man nimmt an, daß sich die Kalkteilchen an den Algen festsetzen und diese so beschweren, daß sie in die Tiefe sinken. Limnologisch gesehen zählt der Faakersee zu den nährstoffärmsten Gewässern Österreichs. Kaum 2 m im Jahresmittel, seltener 4 bis 5 m, beträgt bedauerlicherweise die Sichtweite. Fotografen und Filmer sollten den Nahbereich wählen. Fischportraits sind mit kleinen Blenden (schwarzer Hintergrund) durchaus zu gestalten.

Die südliche Lage des Sees ist die Ursache der außergewöhnlichen Wassertemperaturen, die man hier antreffen kann. 24 °C an der Oberfläche gelten als Minimum im Sommer. Für Familien mit Kindern ist der Faakersee auch aus diesem Grund als Urlaubsziel zu empfehlen. Als besonders reizvolle Unterkunft bieten sich die künstlich erbauten Bauerndörfer Seeleitn und Schönleitn mit familiengerechten Ferienappartements an. Ausgesprochen typische Kärntner Küche gibt's im Gasthof 'Tschebull' in Egg.
Neben vielen versunkenen Booten ist vielleicht das aus dem Zweiten Weltkrieg stammende Amphibienfahrzeug bei Faak a. See (in ca. 20 m Tiefe) das interessanteste Wrack. Mit diesem Lkw-Vertreter wurden die umfangreichen Waffen- und Sprengstofftransporte durchgeführt, die ursächlich in einschlägigen Kreisen den Ruf des Faakersees als waffenstarrendes Gewässer geprägt haben. Neben Handgranaten, Bomben und Panzerfäusten ist der Bestand an Bajonetten und Gewehren noch so groß, daß man das österreichische Heer von Grund auf neu (oder alt!) damit ausrüsten könnte.
Zur Beachtung: Da der Faakersee ein ausgesprochenes Feriengewässer mit vielen Badegästen, vor allem auch Kindern, ist, sind gezielte Waffenbergungen unter allen Umständen zu unterlassen.
Wer hier von der Gendarmerie mit scharfer Munition oder anderen Relikten aus dem Krieg erwischt wird, riskiert die Beschlagnahme der gesamten Ausrüstung einschließlich des Wagens als 'Tat'-Fahrzeug. Alle zufälligen Waffenfunde sind umgehend dem nächsten Gendarmerieposten zu melden. Am Faakersee ist man wegen der nationalen Ausweisung als Ferien- und Erholungsgebiet besonders streng im Falle derartiger Gesetzesübertretungen.

Der Falkertsee

Seehöhe: 1.872 m, max. Tiefe: 13 m

Infolge seiner Höhenlage ist dieser See vor Juni kaum betauchbar. Auch im Juli kann es durch Schneeschmelze und Regenwasser noch zu starken Eintrübungen kommen. Im Falkertsee herrschen das ganze Jahr über eisige Temperaturen - sinnvoll ist Tauchen hier nur mit Trockentauchanzug. Selbst Ende Juni hatte er kaum 8 °C, wie eigene Messungen ergaben.
Im Winterhalbjahr friert der See vollständig zu. Seine Eisdecke mißt dann nicht selten über 1 m Stärke. Zuviel fürs Eistauchen, aber gerade richtig für die alljährlichen Anti-Schleuderkurse der Österreichischen Automobilclubs. Manchmal ist auch der mehrmalige Formel-1-Weltmeister Niki Lauda als Lehrmeister anwesend.
Das Wasser selbst erlaubt im Jahresmittel nur selten eine Sicht von mehr als 2 bis 5 m. In sehr trockenen Sommern steigt die Transparenz mitunter im August auf 7 m an. Auslotungen in den 50er Jahren zufolge hält sich hartnäckig das Gerücht, daß der See

vor der hinteren Steilwand 43 m tief sein soll. Vermutlich ist das Senkblei in eine der Felsspalten gerutscht, die es tatsächlich unter Wasser gibt.
Öde, wie das Umfeld ist, setzt sich die Landschaft unter Wasser fort. Abgesehen von einigen Kugelalgen und vereinzelten Wassergräsern ist der Falkertsee floristisch eigentlich tot. Scheue Forellen ergänzen das triste Grünbaun nur unvollkommen. Filmer und Fotografen haben's schwer in diesem Gewässer. Geröll, kleine versunkene Äste und einiges an Unrat (Blechdosen und Reste abgebrannter Magnesiumfackeln) bilden wenig reizvolle Motive. Jedoch hellt sich das dominierende Grau etwas auf, wenn man die großen Laichklumpen der Bergfrösche findet, was bis weit in den Juli hinein möglich sein kann. Es ist erstaunlich und zugleich bewundernswert, wie diese Tiere in einer solchen Höhe und unter derartigen Witterungsbedingungen - 6 Monate Eis und Schnee - überleben können.
An der Jausenstation direkt am See gibt es ausreichend Parkgelegenheit; das Essen ist einfach, aber vorzüglich. Skilifte deuten darauf hin, daß das Gelände im Winter ein Tummelplatz für Schneehasen ist. Die sehr steile Straße zum Falkertsee ist dann nur noch mit Winterausrüstung befahrbar.
Einer der ganz wenigen echten Hochgebirgsseen, die man mit dem Auto direkt anfahren kann. Der Weg führt von Feldkirchen über Gnesau nach Wiedweg, von dort den Hinweisschildern folgen.

Der Feistritzerstausee

Seehöhe: 462 m, max. Tiefe: 22 m

Vom Ferlacherstausee ist er nur durch einen Damm getrennt. Im Sommer bevölkern Tausende von Badegästen seine Ufer, weshalb in dieser Zeit starke Eintrübungen zu verzeichnen sind. In der Nähe der Pumpwerke ist Tauchverbot.
In den 70er Jahren hat man viele Fische eingesetzt, um diesen Flußstau für Angler attraktiv zu machen. Von den vielfältigen Arten sind leider nicht alle übriggeblieben. Insbesondere die empfindlichen Bachforellen wurden bald ein Opfer der zunehmenden Eutrophierung und der damit einhergehenden Abnahme der Sauerstoffkonzentration.
Wie erwartet, haben sich ausschließlich widerstandsfähige Süßwasservertreter halten können. Gelegentlich sieht man große Amur- und Silberkarpfen. In den Tiefenbereichen sind nur noch Cypriniden anzutreffen. See- und Regenbogenforellen halten sich in den oberen Schichten auf, jedoch weitab vom Seeufer.
Erwarten Sie fotografisch nicht allzuviel. Es bieten sich wenig attraktive Motive bei ohnehin schlechter Sicht. Weitwinkel- und Makroobjektive können aus der Verlegenheit helfen. Einige mit Schleimalgen besetzte Bäume lockern die Atmosphäre etwas

auf. Gerüchten zufolge sollen an den tiefen Stellen Waffen und Munitionskisten versenkt worden sein. Etwaige Funde sind unverzüglich der Gendarmerie zu melden.

Der Ferlacherstausee

Seehöhe: 441 m, max. Tiefe: 20 m

Direkt bei der Ortschaft Ferlach gelegen (deutliche Hinweisschilder), eignet sich dieser Stausee eigentlich nur als Tauchtrainingsgewässer.
Auf einem sehr romantischen Parkplatz, oder besser gesagt Rastplatz direkt am Wasser, können Kinder ausgezeichnet herumtollen. Da gibt es Sand, Steine und kleine Wassermulden. Ein richtiger Abenteuerspielplatz! Auch ideal zum Grillen und Hantieren mit dem Campingkocher. Unter der Woche gibt es kaum Besucher.
Der Idylle an Land folgt sogleich die totale Ernüchterung unter der Wasseroberfläche. Obwohl der Ferlacherstausee schon seit Anfang der 70er Jahre besteht, hat sich an den Uferzonen kaum Bewuchs gebildet. Einziger Lichtblick sind einige wenige versunkene Wurzeln und Baumfragmente. Weite Geröllhalden prägen die UW-Landschaft. An Fischen gibt es eingesetzte Forellen, vereinzelte Weißfische und etwas kümmerliche Barsche. Die Sicht ist ebenfalls nicht berauschend, durchschnittlich 3 bis 4 m. Fotografen sollten hier mit Weitwinkelobjektiven und Effektlichtern arbeiten. Das dämmrige Grün ab 5 m Tiefe kann trotz allem zu ungeahnt stimmungsvollen Aufnahmen beitragen. Gerade in diesem See zeigt es sich, ob man Ideen hat und fotografisch in der Lage ist, aus wenig viel zu machen.
Nach dem Tauchgang ist ein Besuch der Stadt Ferlach angebracht. Eine jahrhundertealte Büchsenmacherzunft hat Ferlach weltberühmt gemacht. Einst von Kaiser Ferdinand im Jahre 1558 gegründet, ist der Ort auch heute noch Österreichs Zentrum der Jagdwaffenerzeugung, und er ist wichtig für den Export des Landes. Im Rathausmuseum sind Werdegang und geschichtliche Folge anhand von Musterbeispielen und Exponaten nachzuvollziehen.
Ein weiteres Ausflugsziel in der Nähe kann die malerische Tscheppa-Schlucht mit dem Tschauko-Wasserfall sein. Am Ende der Schlucht befindet sich zudem eine bauliche Rarität, der Gasthof 'Deutscher Peter'. Das mittelalterliche Haus befindet sich seit 1666 ununterbrochen im Besitz der Familie Tschuko.

oben u. unten: Stimmungsvolle Aufnahmen mit Tauchern sind in vielen Seen möglich
links: Im Linsendorfersee trifft man auf eine bizarre UW-Landschaft mit versunkenen Baumfragmenten und meterhohen Pflanzen

Die Forellenteiche

Seehöhe: 560 m, max. Tiefe: 1,5 m

Oberhalb des Baßgeigensees im Wald führt ein eiskalter Bach zwei um 50 m Höhenunterschied versetzten kleinen Teichen kristallklares Wasser zu. Es ist unmöglich, von diesem Anblick nicht gefangengenommen zu sein. Blaugrau schimmern die beiden Kleinode zwischen riesigen Fichten, partiell erhellt von Sonnenstrahlen, die sich durch das Astgewirr der umstehenden Bäume ihren Weg bahnen.
Ein eigentliches Tauchen ist natürlich bei der maximalen Wassertiefe von nur 1,5 m nicht möglich. Aus diesem Grunde ist Schnorcheln hier sinnvoller. Der Besuch der Forellenteiche ist genehmigungspflichtig, weil es sich um ein Privatgewässer handelt. Nur Fotografen und Filmer werden hineingelassen; Auskunft erteilt die Tauchschule ATLANTIS in Krumpendorf. Tauchanzug und Fotogerätschaften müssen durch den Wald getragen werden (ein Fußweg von ca. 15 bis 20 Minuten). Die Transparenz der Forellenteiche läßt es zu, quer durch die Gewässer zu sehen. Bei einem Besuch ist es ratsam, den unteren Teich zuerst aufzusuchen, da sonst infolge der im oberen Gewässer aufgewirbelten Sedimentteilchen auch dessen Geschwisterteich nachhaltig getrübt wird. Im unteren Teich hat der Besitzer eine völlig neue Forellenart eingesetzt, zitronengelbe Salmoniden. Ein besonderer Genuß für fotografisch Ambitionierte. Gewöhnen Sie sich daran, flach zu atmen und so wenig wie möglich unnötige Flossenbewegungen zu machen. Insbesondere im oberen Teich wird das Wasser rasend schnell trüb, da der Untergrund aus allerfeinstem Mulm besteht.
Den schlechten Lichtverhältnissen in den Forellenteichen kann man mit hochempfindlichem Filmmaterial begegnen. Stellen Sie an der Kamera nach Möglichkeit die Verschlußzeit auf 1/125 s, sonst werden die pfeilschnellen Forellen alle unscharf abgebildet.
Mit Anfüttern lockt man die sonst so scheuen Salmoniden vor die Kamera. Schon wenige Brotkrumen genügen, um die Freßlust der flinken Gesellen zu wecken. Arbeiten Sie mit kleinen Blenden, denn die Fische kommen so dicht an die Frontlinse, daß ein Scharfstellen oftmals nicht mehr möglich ist.
Noch ein Tip: Nicht mehr als zwei Personen gleichzeitig in einem Teich! Nach einem Besuch muß man den Forellenteichen 2 bis 3 Tage Ruhe zur Regeneration geben.

Der Forstsee

Seehöhe: 601 m, max. Tiefe: 35 m

Man folgt bei der Ortschaft Saag (Wörthersee) der Beschilderung, die einen über eine steile Straße nach 2 km an einen kleinen Rastplatz führt. Von hier aus muß man dann

die Gerätschaft etwa 300 m steil hinauf zum See tragen. Das Befahren der Forstseestraße ist nur mit Genehmigung der Kraftwerksgesellschaft möglich, eine Schranke versperrt den Weg.
Der Forstsee ist ein Stausee, dessen Wassermassen zur Elektrizitätserzeugung verwendet werden. In dem bräunlichen Wasser kann man keine überragende Sicht erwarten. Meist hat es nur 2 m, selten einmal bis zu 4 m horizontale Transparenz. Spärlich ist auch der Bewuchs, denn auf den Trümmerhalden und Geröllfeldern, die sich bis zum Grund hinziehen, können sich kaum irgendwelche Pflanzen halten. Forellen und Groppen sind die einzigen Besatzfische. Beide Arten sind recht zahlreich vertreten; die Forellen sind insbesondere an den Abbruchkanten größerer Felsen anzutreffen.
Im hinteren Teil des Fortsees liegen auch einige versunkene Bäume, die bei Gegenlicht im düsteren Gelbbraun unwirklich scheinende Silhouetten zeichnen. Früher soll reichlich Schleimalgenbewuchs vorhanden gewesen sein, der jedoch stark rückläufig ist, seit man den Wasserspiegel zur Reinigung und Reparatur der Kraftwerksturbinen gelegentlich abgesenkt hat.

Der Freibachstausee

Seehöhe: 733 m, max. Tiefe: 32 m

Von Freistritz fährt man nach St. Margarethen im Rosental. Es sind dann nur noch wenige Kilometer zum gut beschilderten Freibachstausee. Selbst in der Hochsaison sind die wenigen Badeplätze nicht übermäßig belegt. Fahren Sie an der Uferstraße entlang bis zum hinteren Ende des Sees. Dort beim Gasthaus 'Zum Stauseewirt' sind immer Parkplätze frei. Eine schöne Wiese mit einem netten Badeplatz, der auch für Kinder gut geeignet ist, kann der Ausgangspunkt für reizvolle Schnorchel-und Tauchgänge sein.
In Richtung des Zuflusses befindet sich ein interessantes Terrain. Schöne Uferpflanzen, überschwemmtes Wiesengelände, überhängende Bäume (für Gegenlichtfotos), Forstbruch und Äste sorgen für Abwechslung. Hier tummeln sich auch einige wenige Fische im sonst relativ faunaarmen Wasser. Außer Forellen und Elritzen gibt es nur noch Kleinfische aus der Gruppe der Schneider und Rotfedern.
Verblüffend ist die Sichtweite dieses künstlich angelegten Sees. Selbst im Hochsommer beträgt die Sicht unter Wasser mindestens 5 bis 6 m. Im Herbst klärt es sich auf sagenhafte 15 m auf. Für Taucheraufnahmen ideal, wenngleich stellenweise die UW-Welt etwas kahl und fast trostlos anmutet. Vermutlich hängt dies damit zusammen, daß man den Freibachstausee gelegentlich absenkt. Wasserpflanzen können sich deshalb nur halten, wenn sie außerordentlich zählebig sind.

oben: Ein Zander mit einem erbeuteten Schneider
links: Nur selten kann man sich großen Welsen so sehr nähern
unten: Der farbenprächtige Sonnenbarsch stammt ursprünglich aus Nordamerika

Überschwemmt und teilweise sogar zerstört wurde auch eine kleine Kapelle, die bei extremer Klarheit ein reizvolles Motiv ergibt.
Für die Kinder: Der Stauseewirt hat eine tolle Eiskarte, und die beliebten Pommes gibt's auch dort.

Der Galgenbichl-Vorspeicher

Seehöhe: 1.750 m, max. Tiefe: 50 m

Unterhalb der Kölnbreinsperre hat man die fallenden Wasser des Maltatales nochmals gestoppt. Entstanden ist ein gewaltiger Speichersee mit enormem Fassungsvermögen. Über die teils mäßige Sicht mag es den einen oder anderen hinwegtrösten: hier haben nur wenige getaucht! Immer Abstand (100 m) zur Staumauer einhalten. Es ist möglich, bis ans Ufer zu fahren. Das erleichtert natürlich vieles. Wie in solchen Seen üblich, fehlt jegliche Vegetation. Der Fischbestand ist mäßig, die Tiere, die vorhanden sind, sind verkümmert, alles sogenannte Hochgebirgsforellen.
Der Galgenbichl-Vorspeicher ist ein reines Nutzgewässer zur Stromgewinnung. Das Auffangbecken erhält sein Wasser vorwiegend aus der Kölnbreinsperre. Da das Wasser sehr kalt ist, sollten nur im Trockentauchanzug längere Erkundungen vorgenommen werden. Unter Wasser das (für solche Gewässer) übliche Bild: nichts als Steine, Steilabbrüche (an der Felswand) und Felsbrocken. Das Taucherlebnis im Galgenbichl-Vorspeicher wird weitgehend von den assoziativen Empfindungen bestimmt, die man haben kann, da man hier unter den ersten ist...

Der Goggausee

Seehöhe: 770 m   max. Tiefe: 12 m

Man fährt von Feldkirchen die Strecke St. Ulrich - Steuerberg - Goggau. Obwohl sich der Goggausee in Privatbesitz befindet, hat man freien Zugang, der allerdings durch dichte Schilfzonen erschwert wird. Am sumpfigen Ufer zu lagern, ist außerdem eine Zumutung für die Familie. In der feuchtschwülen Luft des Sumpfgeländes wird man von Stechmücken geradezu aufgefressen. Gehen Sie deshalb besser in das kleine Strandbad; bei schlechtem Wetter ist dort der Eintritt frei. Hier zirkuliert die Luft, und die fotografisch besten Tauchgründe liegen gleich um die Ecke.
Stark schwankend ist die Sicht, 1 bis 5 m. Im vorderen Teil wachsen Tausendblattkolonien inmitten zarter Schleimalgenrasen. Dazwischen huschen kleine Fische. In den Dämmerzonen des teilweise unterspülten Ufers hausen Dohlenkrebse, herrlich gefärbte Tiere. Auch Bäume und Astwerk liegen hier im Wasser. Als Angelgewässer

ist der Goggausee weithin bekannt. Der schwerste Wels, der hier je gefangen wurde, wog immerhin 56 kg. Es soll jedoch noch viel größere Fische im See geben. Fischer erzählten mir, daß man die Goggau-Giganten ("zentnerschwere Waller!") in hellen Mondnächten schnauben und prusten hören könne...
Für Kleinkinder: Die Wildenten des Sees lassen sich anfüttern, eine nette Liegewiese lädt zum Tollen und Toben ein, kleine Badebuchten gewähren ungetrübten und weitgehend auch ungefährlichen Aufenthalt an und im Wasser - kurzum, ein idyllisches Ausflugsziel für die ganze Familie.
Abwechslung nach dem Tauchen und Baden bieten die umliegenden Wälder mit ihrem reichen Pilz- und Beerenbestand.

Der Gößkarsspeichersee

Seehöhe: 1.707 m, max.Tiefe: 50 m

Wie der Name schon sagt, dient er als Ausgleichsspeicher in Spitzenzeiten der Stromabnahme.
Im Maltatal folgt man beim Ort Koschach den Wegweisern, immer am Gößbach entlang. Lassen Sie sich durch die gut ausgebaute Straße nicht täuschen, es kann zum Teil recht wild werden. Man muß nach einigen Kilometern Fahrt ein Bachbett durchqueren. Das ist nur möglich, wenn kein Hochwasser herrscht. Sind Unwetter und Regen angesagt, verzichten Sie auf die Fahrt. Gelegentlich wird die Bergstraße durch einen Erdrutsch verschüttet. Wenn dies vor der Rückfahrt passiert, muß man unter Umständen zwei oder drei Tage oben bleiben. Unterschätzen Sie auch nicht die Steilheit und Enge des Weges. Mit schlechten Bremsen ist die Reise ein Hasardspiel, denn nirgendwo gibt es Leitplanken oder Sicherungen.
Unmittelbar bis zum See kann man nicht heranfahren. Eine Schranke unterhalb der Staumauer beendet die Bergfahrt. Stellen Sie Ihr Fahrzeug auf dem dafür vorgesehenen Parkplatz ab. Keine Experimente mit Geländewagen u.ä.; das ist gefährlich und gibt Ärger mit der Forstverwaltung. Tragen heißt nun die Devise. Es sind nur wenige 100 m, aber die haben's halt in sich in der dünnen Luft hier oben.
Im Gößkarsspeichersee schwimmen oft noch im Juli Eisschollen herum. Wegen seiner typischen Gletscherabbruchkante im hinteren Teil zählt dieses Gewässer zu den Hochgebirgs-Eisseen. Die Sicht ist daher nicht überragend, 5 m sind eigentlich das Äußerste.
Die Hochgebirgssaiblinge, die es im See gibt, sind extrem scheu. Pflanzen fehlen gänzlich. Schotter, Geröll, Felsbrocken, überflutete Lkw-Straßen und Felsabbrüche beherrschen die UW-Welt.
Um den Gößkarsspeichersee ziehen sich Hochgebirgswanderwege bis hinauf in die höchsten Regionen.

oben: Der Großsee ist bis weit in den Sommer hinein von Eis und Schnee umgeben
links u. unten: Hochgebirgsseen wie der Galgenbichl-Vorspeicher (links) und der Kegelesee (unten) werden nur von Extremtauchern besucht

Die Großglocknerlacke

Seehöhe: 2.050 m, max. Tiefe: 3 m

Bevor die Lawinenverbauungen an der Großglocknerstraße beginnen, sieht man rechter Hand einen Naturweg im Gelände verschwinden. Diesem folgen Sie und parken nach etwa 250 m auf einem kleinen Platz. Von dort aus geht man zu Fuß nochmals die gleiche Strecke zur Lacke - allerdings durch offenes Gelände mit Felsen, Hügeln und Löchern. Gehen Sie bedächtig und behutsam, damit keine Verletzungen auftreten, noch bevor Sie angelangt sind. Mit der schweren Tauchausrüstung ist man schnell mal umgeknickt.

Gespeist wird die Großglocknerlacke vom Schmelzwasser der Gletscherhänge. Leider hat auch sie oft nur eine mäßige Sicht. Nur in sehr heißen Sommermonaten mit wenig Niederschlägen klart das Wasser auf. Es herrscht ganzjährig eine grausige Kälte. Pflanzen und Tiere gibt es nicht, dafür liegt das Gewässer zu hoch.

Fotografisch sind nur Panorama- und eventuell Halb-und-Halbaufnahmen mit der imponierenden Kulisse des Großglockners sinnvoll. Nicht zuletzt mag auch ein anderer Aspekt einen bewegen, dort hinaufzusteigen: bei fast allen Tauchern ist dies ein Höhenlagenrekord.

Der Großsee

Seehöhe: 2.402 m, max. Tiefe: 51 m

Die Straße führt vom Kegelesee nochmals einige Kehren weiter bergauf, dann steht man vor der Staumauer, die die gewaltigen Wassermassen zurückhält. Ca. 200 m sind es vom Parkplatz bis zum Seeufer, querfeldein über Steine und Schotter.

Hier beginnt der ewige Schnee und die Zone des klirrenden Eises. Selbst im August schwimmen noch Eisschollen im Wasser, und im Hintergrund schiebt der Großseegletscher gewaltige Massen in das dunkelgrüne Wasser. Bei bescheidener Sicht erkennt man ausgewachsene Felsen und eine Fahrstraße, die früher dem Baustofftransport geländegängiger Lkws diente.

Von den eingesetzten Hochgebirgsforellen sind nur die widerstandsfähigsten am Leben geblieben. Kaum würde ein Taucher dieses Glück haben, sie zu sehen.

Der Großsee ist einer der höchstgelegenen Alpenseen. Tauchen ist weniger ein Erlebnis, vielmehr zählt die Tatsache, daß nur wenige Taucher überhaupt bis an seine Ufer gelangen.

Hinweis: Vermeiden Sie in diesem See jede Nullzeitüberschreitung. Die Chance, einen schweren Dekounfall in der Einsamkeit zu überleben, ist äußerst gering, sozusagen gleich Null!

Der Kegelesee

Seehöhe: 2.151 m, max. Tiefe: 30 m

In Döllach im Mölltal biegt man innerorts an der Trafostation ab und folgt dem Hinweisschild nach Zirknitz. Dies ist ein Bergdorf mit nur einer Handvoll Häuser an den steilen Hängen der umgebenden Berge. Bis zur Steiner-Alm ist die sehr schmale Straße gut asphaltiert, dann verkommt sie zu einem Schotterweg, sehr steil, mit Schlaglöchern und ungesichertem Rand; und das über schwindelerregendem Abgrund. Es geht immer weiter hoch und will keine Ende nehmen. Über Hochtäler, Matten und Almen. Dann erst, oberhalb der Baumgrenze, gelangt man an ein Geröllfeld, in dessen Mitte der Kegelesee liegt. Wegen der eingesetzten Saiblinge gilt er als Privatgewässer. Wenn die Pächter in den Sommermonaten dort fischen, müssen Sie zuerst immer die Erlaubnis zum Tauchen einholen (geht aber mündlich am See). Direkt an den See zu fahren, ist nicht möglich, man muß die Ausrüstung hinabtragen. Das sind alles Kleinigkeiten im Verhältnis dazu, was einen erwartet, wenn die Schranke bei der Steiner-Alm geschlossen ist. Auch ein gut trainierter und konditionierter Taucher kann seine Gerätschaft nun nicht mehr in einer angemessenen Zeit bis zum See tragen. Mindestens sechs Stunden dauert diese Tortur. Da muß man schon ein großer Idealist sein.
Das Wasser im Kegelesee ist mit 8 °C sehr kalt, die Sicht beträgt im Durchschnitt 5 bis 7 m, kann aber im Herbst auf das Doppelte aufklaren. Die Fische sind ausnahmslos scheu. Saiblingsfotos gelingen nur mit viel Glück. Alle Fische liegen mit ihrer Größe stark unter der normalen Wachstumsgrenze und zeigen aufgrund der herrschenden Inzucht auch Degenerationserscheinungen. Nur in den Sommermonaten steht ihnen ein ausreichendes Nahrungsangebot zur Verfügung.
Außer Fels, Geröll, Steinen und Schlamm gibt es wenig zu sehen. Einige wenige Tannenäste lockern die triste Stimmung etwas auf. Taucher im Gegenlicht - das ist hier noch das attraktivste Motiv.
Für geologisch Interessierte mag von besonderem Reiz sein, daß hier unter Wasser im Schlamm Quarzsteine von bräunlichgelber Farbe schimmern.
Weil der Kegelesee in Kreislaufverbindung mit dem höher gelegenen Großsee steht, pumpt man über eine Zuleitung immer wieder nicht benötigtes Wasser in ihn hinein. In der Nähe des Einlasses gibt es auch die meisten Salmoniden. Der Kegelesee gilt als Naturspeichersee, dessen Energiepotential in Stoßzeiten angezapft werden kann und auch wird. Naßtauchen ist nicht empfehlenswert, es weht da oben ständig ein kühles Lüftchen ...

Viele Gewässer, wie der obere Spintikteich, liegen einsam und laden zum Baden ein

In der Basaltmine erreichen Amphibien phänomenale Körpergrößen

Zander sind Einzelgänger und jagen bevorzugt im Freiwasser

Gründlinge sind gesellige Bodenfische, deren Biologie noch sehr wenig erforscht ist

Der Keutschachersee

Seehöhe: 506 m, max. Tiefe: 15 m

Gleich vorweg - im Keutschachersee, bei der Ortschaft Keutschach gelegen, kann es Einschränkungen für den Tauchsport geben, weil in diesem See ein Pfahlbaudorf gefunden wurde, dessen vollständige Erforschung wohl noch Jahre in Anspruch nehmen wird. Vor dem 'Betreten' des Sees muß unbedingt die Erlaubnis des Bundesamtes für Denkmalpflege in Wien eingeholt werden.
Die strenge Handhabung und Umständlichkeit der Taucherlaubnis wird verständlich, wenn man weiß, daß 'Raubtaucher' in heimlichen Aktionen wertvolles Pfahlbaumaterial entwendet haben und zusätzlich durch unsachgemäßes Graben große Schäden an der versunkenen Siedlung angerichtet haben. Wer ohne Genehmigung im Keutschachersee taucht, muß mit sehr unangenehmen Folgen rechnen, falls er erwischt wird. Der Schutz der historisch bedeutenden Siedlungen hat absoluten Vorrang vor jeder individuellen sportlichen Ausübung.
Für die hauptsächliche Wassererneuerung des Keutschachersees ist der Schieflingsbach verantwortlich, dessen Ursprung im nahegelegenen Hafnersee liegt. Der Abfluß mündet als Reifnitzbach in den Wörthersee.
Übermäßige Klarheit (2 bis 5 m Sicht) darf man angesichts der im Sommer außergewöhnlichen Wassertemperaturen von 25 bis 30 °C nicht erwarten. Obwohl der Keutschachersee stellenweise verbaut und mit Campingplätzen umgeben ist, hat er dennoch genügend natürliche Uferbereiche auf der Ortsseite, wo ein ausgedehntes Moorgebiet unter Landschaftsschutz gestellt wurde. So findet man trotz des regen Badebetriebes noch ruhige Stellen mit herrlichem Seerosen- und Teichrosenbestand. Privater Motorbetrieb ist verboten. Wer einsam und ungestört tauchen und baden will, muß sich mit Ruder-, Schlauch- oder Segelboot vom überall herrschenden Ferientrubel befreien.
Im grünbraunen Wasser, biologisch relativ sauber, gedeihen vorzüglich Hechte, Welse, Zander, Aale und viele Weißfische. Neuerdings sollen Besatzversuche mit dem auch im Wörthersee vorkommenden Forellenbarsch erfolgreich verlaufen sein. Damit böte der Keutschachersee faunistisch ein absolutes Schmankerl. Für Eistaucher ist er besonders interessant, denn zwischen Januar und März friert er regelmäßig vollständig zu.
Erzählungen zufolge soll auf der kleinen Halbinsel (Seeerhebung) einst ein Einsiedler gelebt haben, dessen Habe nach seinem Ableben im See versenkt wurde. Dieser Eremit, der sich überwiegend vom Fischfang ernährte, hat angeblich mittelalterliche Fischfanggeräte benutzt, die bis jetzt allerdings vergeblich gesucht wurden.
Der Gemeinde Keutschach gegenüber liegt eine Waffenhalde mit Explosionsgeschossen, Pistolen und Gewehren. Auch ein deutscher Wehrmachtspanzer ruht in

6 m Tiefe - mit intaktem Rohr - im Schlamm. **Achtung:** Alle Grabetätigkeiten nach Waffen sind streng verboten. Gelegentliche Kontrollen durch die Polizei unterstreichen die präventiven Maßnahmen der Behörden in dieser Richtung.

Der Klopeinersee

Seehöhe: 446 m, max. Tiefe: 48 m

Einst ein abgeschiedenes Fleckchen, heute einer der beliebtesten Badeseen Österreichs. Regelmäßig mißt man im Sommer Wassertemperaturen von über 26 °C. Spitzenwerte von 30 °C an flachen Uferstellen sind durchaus möglich. Für Kleinkinder das reinste Wannenvergnügen! Die Monate Juli und August sind unter diesem Gesichtspunkt wenig attraktiv. Besser ist es im Frühjahr (6 m Sichtweite) und im Herbst (4 bis 6 m).
Das größte Problem eines Tauchganges im Klopeinersee ist jedoch weder die Sicht noch die Wassertemperatur, sondern der fehlende freie Zugang zum Wasser. Die Ufer sind derart perfekt verbaut, daß ein Zutritt nur über Campingplätze, Badestrände und angemietete Ferienhäuser sowie Seepensionen möglich ist. Leider sind nur noch kümmerliche Reste der Schilfzonen im ursprünglichen Zustand. Die pflanzlich für UW-Fotografen und Filmer so interessanten Verlandungsflächen mußten größtenteils Bootsanlegestellen und Segelboothäfen weichen. Motorboote dürfen jedoch auf diesem See nicht fahren. Für Taucher empfiehlt es sich, ein Ruderboot zu mieten, um dem Touristenrummel etwas zu entgehen. Vereinzelte versunkene Bäume und Pflanzenwälder entschädigen jedoch für den Umstand.
Der Klopeinersee gilt als sehr fischreich. Viele Welse, Hechte, Karpfen, Aale, Zander und Rotaugen halten sich in den Flachzonen auf. Ein kleiner Reinankenbestand in der Seemitte ergänzt die Arten-Vielfalt. In den 60er Jahren eingesetzte Graskarpfen haben sich zu großen Schwärmen ausgebildet und beträchtlichen Schaden an den ohnehin schwachen Schilfbeständen angerichtet. Seentypologisch gehört der Klopeinersee zu den meromiktischen Gewässern, d.h. seine Tiefenwasser mischen sich nicht. Die Zirkulationsströmungen reichen nur bis in 30 m Tiefe. Darunter beginnt die tote, die sauerstofflose Zone.
Große Probleme bereitet die Eutrophierung des Sees. Seit Jahren wird eine erschrekkende Zunahme der Burgunderblattalge festgestellt. Stellenweise hat das Algenwachstum die sauerstoffarme Zone bis auf 12 m angehoben. Unterhalb von 15 m wird man deshalb als Taucher kaum noch Fische antreffen.
Dafür kann man anderes finden, wenig Erfreuliches allerdings. Im Schlamm liegen noch viele Haubitzen, schwere Waffen, Handgranaten und Schußwaffen aller Art. TNT-Sprengstoff wurde in eingeschweißten Beuteln geborgen. Bitte keine

Schneider sind meist gesellig in Bodennähe lebende Karpfenartige

Nur selten erreicht der Sterlet, der kleine Verwandte des Stör, eine Länge bis 100 cm

Der Silberkarpfen oder Tolstolob stammt ursprünglich aus Asien

Bitterlinge legen ihre Eier in den Kiemenraum von Teich- oder Malermuscheln ab

Tiefgrabungen vornehmen, denn große Mengen von Splittergranaten liegen, noch scharf, in den Sedimentschichten zwischen 30 und 40 m Tiefe. Alle zufälligen Waffenfunde sind unbedingt dem nächstgelegenen Gendarmerieposten zu melden. Die Fundstelle ist zu markieren. Selbsttätiges Bergen ist zu unterlassen.

Der Kölnbreinspeicher

Seehöhe: 1.900 m, max. Tiefe: 190 m

Wo die Bergstraße im Maltatal endet, steht eines der gewaltigsten Bauwerke stautechnischer Architektur und Statik. Die Kölnbreinsperre, errichtet in den Jahren 1974 bis 1977, ist die größte Talsperre Österreichs, und auch den Rang als einer der gewaltigsten Wasserspeicher Europas in einer Hochgebirgslandschaft wird ihr so schnell keiner ablaufen.

200 m hoch ragt die Staumauer in den Himmel, 41 m dick an der Basis, 8 m an der Krone. Letztere ist begehbar. Insgesamt 626 m mißt die Halbmondschale. Kaum faßbar ist das Wasservolumen. Mit über 200 Millionen Kubikmetern Wasserinhalt zieht der künstliche Kölnbreinspeicher inhaltlich mit dem Ossiachersee gleich. 4,5 km lang ist dieses Gewässer bei Vollstau.

Bei diesen Superlativen blieb nicht aus, daß man sich auch Gedanken über mögliche Gefahren machte. Maßstabsgetreue Modelle zeigen, daß die Wasserkraft hinter der Kölnbreinsperre verheerendere Zerstörungen anrichten könnte als eine Wasserstoffbombe. Halb Kärnten würde in einem Inferno von Schlamm, Wasser und abgerissenen Bäumen versinken.

Im Spittal, so hat man errechnet, stünde der Wasserspiegel 10 m hoch. Die Grenzen zeigten sich schon in den ersten Jahren. Undichtigkeiten in der Mauer -nur wenige winzige Haarrisse - wurden mit 1000 l Wasserverlust pro Sekunde gemessen.

Unbehagen und Unsicherheit vor möglichen Terroranschlägen führten zur Einrichtung von mehreren hundert Überwachungsstellen und zur Entscheidung, so bald wie möglich eine zweite und dritte Staumauer parallel dazu zubauen. Und noch ein Superlativ: In den ersten Jahren nach der Fertigstellung überstiegen die Wartungs- und Reparaturkosten den Neupreis des Speichers. Das will denn nun wirklich etwas heißen. Hat die Kölnbeinsperre doch zwei Drittel der Masse der Cheopspyramide...

Im tiefsten See Kärntens getaucht zu haben, das kann nun nicht jeder von sich behaupten. Mag die Sicht auch nur mäßig sein, die UW-Welt langweilig, weil nur Geröll und Felsen einander abwechseln, es bleibt das Flair der Höhe und der Größe.

Oft fängt sich der Wind im Tal der aufgestauten Wassermassen, dann gibt es Wellen wie am Meer, gut 1 m hoch.

Kritisch kann eventuell das Umziehen in dieser Höhe werden. Selbst im August schneit es hier zuweilen und ein eisiger Wind bläst, - sozusagen geradezu lauernd auf den unbedeckten Oberkörper des Tauchers; Husten und Schnupfen sind inbegriffen.

Der Längsee

Seehöhe: 550 m, max. Tiefe: 21 m

Fahren Sie von St. Veit a.d. Glan nach St. Georgen a. Längsee. Im Sommer wird der Längsee von vielen Badegästen und Urlaubern besucht. Zum Tauchen ist deshalb der Herbst günstiger. Zwei große Badestrände engen den Individualismus etwas ein, aber der Längsee ist noch nicht verbaut, so daß man durchaus einsame Fleckchen zum Entspannen finden kann. Von Fall zu Fall muß die Gerätschaft ein Stück des Weges getragen oder mit einem Ruderboot befördert werden, denn der Zugang zum Wasser wird durch Waldgürtel und Schilfzonen (sumpfig) etwas erschwert.
In dem äußerst interessanten und abwechslungsreichen See leben viele Fische. Darunter große Welse und riesige Hechte. Stellenweise gründeln große Schleien-und Karpfenschwärme zwischen den herrlichen Wasserpflanzen.
Der im Sommer stark erwärmte Längsee macht das Tauchen zu einem wahren Vergnügen. Im zartgrünen Wasser ruhen viele antike und wertvolle Relikte vergangener Zeiten. Aus dem ehemaligen Benediktinerkloster (gegr. um 1000 n.Chr.), heute eine Schloßpension, stammen die im Schlamm liegenden Küchengeräte, Geschosse und Werkzeuge. Gefunden wurden unter anderem auch Rosenkränze, Silberkreuzchen und Kruzifixe.
Ungefähr in der Seemitte liegt ein Lkw, der bei der Fahrt über den zugefrorenen See eingebrochen ist. Zwei riesige Munitionshalden und ein Berg aus Waffenkisten sind gefährliche und verbotene Lokalitäten. Nach der Kapitulation im Jahre 1945 hat man hier Reste nahegelegener Munitions- und Waffenlager versenkt. Ganz in der Nähe der Badestege findet man zündfähige Handgranaten in großen Mengen. Doch auch Massivwaffen größeren Kalibers, wie Flakgeschütze, Tellerminen und Mörser ruhen in brisantem Zustand im Schlamm. Unter Waffennarren und Schatztauchern gilt der Längsee als Geheimtip.
Es soll jedoch erwähnt werden, daß die Polizei gelegentliche Kontrollen macht. Waffentauchen wird streng geahndet. Melden Sie alle Funde der Gendarmerie unter Angabe der Örtlichkeit und der Tiefe.
Eigenartigerweise wurden im Längsee auch viele Waffen englischer und amerikanischer Herkunft gefunden. Es besteht darum die Vermutung, daß die Alliierten in einer sogenannten Säuberungsaktion auch eigene, überflüssige Arsenale dieser Art hier versenkt haben.
Kulturbeflissene sind gehalten, nach dem Tauchen die mittelalterliche Stadt St. Veit

zu besuchen, die zwischen 1200 und 1518 die Hauptstadt von Kärnten war. Unweit des Längsees liegt die Trutzburg Hochosterwitz und weiter südlich, nahe dem Zollfeld, der Magdalenenberg, wo Grabfunde keltische und römische Siedlungen belegt haben.

Der Lendkanal

Seehöhe: 440 m, max. Tiefe: 6 m

Vom Zentrum der Stadt Klagenfurt führt er nahezu schnurgerade zum Wörthersee. Der Kanal ist einige Kilometer lang und max. 10 bis 12 m breit; Strömung ist nicht vorhanden. Infolge der geringen Wassertiefe veralgt der Kanal in den Sommermonaten recht stark; auch der übrige Pflanzenbewuchs (Wasserpest) ist dicht und neigt zur Verkrautung, weshalb vor vielen Jahren Amur-Karpfen eingesetzt wurden. Die pflanzenfressenden Fische linderten dieses Problem jedoch nur in begrenztem Maße. Der Lendkanal wird daher regelmäßig ausgebaggert. Bei diesen Aktionen finden die Behörden dann auch mit ebensolcher Regelmäßigkeit Munition, Waffen und Bajonette. Mittlerweile ist der Kanal so weit gesäubert, daß man als Schnorchler und Taucher praktisch nichts mehr findet.
Von den Klagenfurter Stadtvätern ist geplant, den Lendkanal in das Freizeitangebot der Kärntner Hauptstadt zu integrieren. Bootfahren, Lampions am Ufer und Zierfischbesatz sollen eine Urlaubsatmosphäre vermitteln.
Im Sommer ist die Sicht in diesem Gewässer nicht gerade berauschend, dagegen können es im Frühjahr und im Herbst durchaus 5 bis 7 m werden. Für Filmer und Fotografen ein doppelter Spaß: Wo sonst kann man inmitten einer Großstadt neben der Hauptverkehrsstraße tauchen? Außer den schon erwähnten Graskarpfen tummeln sich hier noch Hechte, Barsche, Aale, Weißfische und jede Menge Kleintiere wie Frösche, Kröten, Unken und Insektenlarven. Angler wollen vor Jahren auch Welse beobachtet haben.
Der Lendkanal verspricht gemütliches Tauchen und Schnorcheln. Hektisch kann es aber werden, wenn Sie einen Amur vor die Linse bekommen - über 1 m Länge messen die größten von ihnen.

Der Linsendorfersee

Seehöhe: 300 m, max. Tiefe: 15 m

Direkt bei der Ortschaft Miegert (auf regionalen Landkarten verzeichnet) gelegen, ist der Linsendorfersee kein eigentlicher See, sondern ein gestauter Nebenarm der Drau

mit Zu- und Abfluß. Falls Sie Schwierigkeiten haben, dieses Gewässer zu finden, holen Sie sich detaillierte Auskünfte bei der Tauchschule Atlantis in Krumpendorf. Das Wasser ist auch im Sommer recht kühl und zum Baden nicht sonderlich gut geeignet. Um so besser ist es aber zum Tauchen. Ein kleiner Parkplatz oberhalb einer gewaltigen Steinformation ist der Ausgangspunkt zu einem Flußtauchabenteuer. Viele Aitel, Hechte und Barsche jagen und schwimmen unter den wenigen ins Wasser gefallenen Bäumen.
Entlang des Ufers liegen immer wieder riesige Steinhaufen, durchzogen von kleinen Höhlen und einem Gewirr von Astwerk. An den Zweigen schimmern Millionen von Sauerstoffbläschen wie Perlen. Große Aitelgruppen halten sich unter Überhängen im Dämmerlicht auf, sind jedoch relativ scheu, so daß man große Geduld aufbringen muß, will man diese interessanten Weißfische filmen oder fotografieren. Sagenhafte Barschschwärme von mehreren hundert Stück sieht man bei den Angelbooten im Bereich des kleinen Zuflusses neben der Felshalde an der Hauptstraße.
Man muß allerdings sehr vorsichtig heranschwimmen und die Luft anhalten. In der leichten, kaum spürbaren Strömung kann man sich auch langsam treiben lassen. Herrliche Gegenlichtaufnahmen und Spiegelungen gelingen zwischen den von Schleimalgen bewachsenen Baumwurzeln entlang der Staumauer. Auch der ansprechende Pflanzenbewuchs, bestehend aus Tausendblatt, Hornkraut, Tannwedel und Wasserpest bietet noch viele Möglichkeiten zum Fotografieren. Spannend kann auch die Suche nach dem versunkenen Traktor sein, der im Laufe der Jahre durch Hochwasserströmungen bereits mehrfach seine Lage verändert hat.
In den Sommermonaten kann die Sicht über 5 m betragen, so daß auch Landschaften und Taucherbilder mit Fischen kein unlösbares Problem darstellen. Im Linsendorfersee wurden übrigens schon viele auf Fotowettbewerben ausgezeichnete und in Tauchzeitschriften veröffentlichte Fotos gemacht

Der Maltschachersee

Seehöhe: 594 m, max. Tiefe: 7 m

Die Anfahrt erfolgt von Krumpendorf über Moosburg auf der Bundesstraße 95 nach Feldkirchen, bei Sittich folgt man dem Hinweisschild zum See.
Ein Feriendorf und ein großer Campingplatz sind untrügliche Zeichen dafür, daß der Maltschachersee in der Hauptsaison von vielen Urlaubern besucht wird. Die besten Tauchzeiten sind daher im Frühjahr und im Herbst. Parkplätze sind genügend vorhanden. Die Gerätschaft muß nur ein kurzes Stück über eine gepflegte Liegewiese getragen werden. Kinderspielplätze, Bootsverleih und ein Restaurant vervollständigen das Ausflugsziel.

Das braune Moorwasser mit der im Sommer mäßigen Sicht von 1 bis 2 m birgt so manches Geheimnis, das man in diesem Gewässer nicht vermuten würde. Neben Karpfen, Hechten, Barschen und Weißfischen beherbergt der Maltschachersee auch Krebse. Zu finden sind diese auch beim Schnorcheln in der Uferzone, meist etwas versteckt unter Überhängen und Steinen.
Es kann sein, daß Sie aufgrund der schlechten Sicht (teilweise aufgewühlt durch Badende) wenig fotografisches Glück empfinden. Kindern aber bietet dieser See ungetrübte Badefreuden.

Der Margaritzesee (oberer)

Seehöhe: 2.070 m, max. Tiefe: 18 m

Man fährt von Heiligenblut die Großglocknerstraße hoch (sehr steil!). Der obere Margaritzesee liegt unterhalb der Touristenroute in einem Tal, sehr gut einsehbar vom Rundblick der Fremdenverkehrsparkplätze. Eine direkte Zufahrt zum See ist nicht möglich. Die Gerätschaft muß über einen abfallenden Felshang mit Wiesenstücken hinabgetragen werden. Das geht noch, wieder hinauf ist es allerdings eine andere Sache. Bei mangelnder Kondition ist dieses Tauchabenteuer eine (vorherige) kritische Überlegung wert.
Der obere Margaritzesee ist ein typisches Gletscherabbruchgewässer, deshalb fast immer trüb und schauerlich kalt. Die Sichtweiten schwanken zwischen 0,5 m und 2 m. Lebewesen beherbergt der See nicht, die UW-Landschaft besteht ausschließlich aus Geröll, Felsabbrüchen und Schotterflächen.
Man kann den Reiz, in diesem See zu tauchen, eigentlich nur mit der extremen Höhenlage erklären - und natürlich auch mit der umgebenden Gebirgslandschaft. Ein Felsenkesselsee inmitten der feindlichen Gletscherwelt des Großglockners.

Der Margaritzesee (unterer)

Seehöhe: 2.000 m, max. Tiefe: 45 m

Direkt unterhalb des oberen Margaritzesees liegt der gleichnamige größere Stausee. Sein Wasser ist aufgestaut und wird zur Energiegewinnung eingesetzt. Beim Tauchen ist eine Mindestentfernung von 100 m zur Staumauer einzuhalten. Die Wasserqualität ist der des oberen Sees ähnlich, denn er wird teilweise aus diesem gespeist. Auch hier ist die Sicht nicht besonders, maximal 3 m sind möglich. Erleichtert wird einem hier allerdings der Weg zum Tauchen, denn ein gut ausgebautes Sträßchen führt bis an die

Ufer. Lebewesen sind keine auszumachen, wenngleich es Saiblinge und Bergforellen geben soll. In der Trübheit sind Aufnahmen dieser Fische ohnehin eine Illusion.
Vorsicht bei Dekotauchgängen! Sehr gefährlich, weil weit und breit keine Druckkammer installiert ist.
Zu sehen gibt's nur Geröll, Steinplatten und Baggerspuren aus der Bauzeit. Achtung: es liegen noch immer Moniereisen und Drahtrollen im Wasser. Rings an den Berghängen leben viele Murmeltiere. Man hört ihr Pfeifen weit übers Tal. An den Touristen-Rastplätzen lassen sie sich sogar anfüttern.

Der Melniksee

Seehöhe: 2.440 m, max. Tiefe: 13 m

Wenn es Ihnen vor gar nichts graust, dann besuchen Sie den Melniksee. Er liegt am Südosthang des mittleren Malteiner-Sonnenblicks in der Hafnergruppe. Nur mit den geländegängigsten Allradfahrzeugen gelangt man in die Nähe des Sees. Wer diese Möglichkeit nicht hat, ist übel dran. Mehrere Stunden dauert der Anmarsch. Entschädigt wird ein solcher Bergseefan allerdings durch die sichere Gewißheit, daß er oben ganz allein sein kann.
Limnologische Untersuchungen des Kärntner Instituts für Seenforschung haben ergeben, daß das Wasser des Melniksees, der glazialen Ursprungs ist, mit einem pH-Wert von 6.7 eindeutig im saueren Bereich liegt. Die Sichtweiten betragen im Jahresmittel zwischen 7 und 10 m.
Fische gibt's nur eine Art, die Melnik-Saiblinge: Man vermutet, daß sie im Mittelalter von gläubigen Bergbauern aus religiösen Gründen dort eingesetzt wurden. Die seit vielen Jahrhunderten degenerierten Hungerformen werden Schwarzreuter genannt. Geringes Wachstum durch witterungsbedingte, sporadische Anflugnahrung führt zu derartigen Kümmerformen. Kaum mehr als 18 cm Länge messen die 'Riesen' unter diesen Saiblingen.
Ist Tauchen im Melniksee das Höchste...? In Anbetracht der Höhe und der Strapazen sicherlich. Einmalig ist aber auch das Gefühl der totalen Einsamkeit, in der man hier seinem Hobby nachgehen kann. Hier ist es möglich, mit sich, dem Partner und der Welt allein zu sein. Vielleicht ist dies für einige als Motivation ausreichend. Eines ist darüberhinaus auch sicher: ein Tauchverbot gibt es nicht! Im Gegenteil, wer hier in die Klamotten steigt, dem hält der Förster gerne das Gerät beim Anziehen. Wetten?

oben: Steinbeißer sind dämmerungs- und nachtaktiv undgraben sich tags im Boden ein
links: Die Schmelzwasserlacke hat nur für Enthusiasten ihren Reiz
unten: Der Kaulbarsch ist gegenüber Wasserverschmutzung recht unempfindlich

Der Millstättersee

Seehöhe: 588 m, max. Tiefe: 141 m

Flächenmäßig ist er nach dem Wörthersee der zweitgrößte See in Kärnten. Hinsichtlich seines Wasservolumens ist dieser See jedoch das wasserreichste Gewässer des Landes.
Die steilen Hänge der umliegenden Berge, insbesondere am Südufer, setzen sich auch unter Wasser fort. Fast 90 m beträgt die mittlere Tiefe der Uferböschungen. Achten Sie deshalb in diesem See immer auf Tiefenmesser und Dekozeit - leicht vergißt man in einer gewissen Euphorie an den nachtschwarzen Schlamm- und Felswänden die elementarsten Grundregeln.
Ab 50 m Tiefe beginnt die sauerstoffarme Zone. Der Millstättersee gilt als meromiktisches Gewässer. Auch im Sommer ist er thermisch streng geschichtet. In der Seemitte mißt man im Juli etwa 22 °C, im Uferbereich bis zu 25 °C. Einfallende Winde mischen in der Regel das Oberflächenwasser so, daß sich eine geschlossene Eisdecke nur in einem sehr strengen Winter bilden kann. Unter Tauchern ist der Millstättersee wegen seiner angeblichen Trübheit etwas in Mißkredit geraten. Der in den See einmündende Rieggerbach setzte dem Gewässer in der Tat erheblich zu. Große Mengen an stark alkalischen Gewässern verursachten (bis 1972) so starke Eintrübungen, daß das Tauchen wenig interessant war. Seit jedoch die Flotationsgewässer der Radentheiner Industrie durch Absatzbecken geleitet und vorgereinigt werden, hat die Klarheit wieder beträchtlich zugenommen. Das Bundesministerium für Land- und Forstwirtschaft maß 1981 bereits wieder Sichttiefen um 10 m, was einer Horizontalsicht von mindestens 5 m entspricht. Die verbesserte Wasserqualität dokumentiert sich auch im gesunden Bestand der Seeforellen, die heute wieder zu den elementarsten Angelfischen dieses Gewässers gehören. Große Hechte und Cypriniden (Karpfenfische) bilden neben dichten Coregonenschwärmen (Reinanken) die Basis für die noch immer florierende Berufsfischerei. In den üppig wuchernden Pflanzenwäldern begegnet man bisweilen auch Großwelsen bis zu 2 m Länge. Privater Motorbootverkehr ist auch auf diesem See verboten. Vorsicht ist jedoch in der Nähe gewerblicher Wasserskischulen und der Anlegestellen der Linienschiffe geboten. Auch gibt es viele Surfer, die mit dem Schwert ihres Brettes Taucher gefährden können.
Bei Millstatt liegt ein Lkw mit kompletter Funkausrüstung aus dem Zweiten Weltkrieg unter Wasser. Viele Pistolen, Maschinengewehre und Handgranaten ruhen in allerdings für Sporttaucher nicht erreichbaren Tiefen. Sprengstoffbeutel und Giftampullen liegen vor Dellach in 60 m Tiefe auf dem Grund.
Alle Waffenfunde müssen unverzüglich gemeldet werden. Gezieltes Bergen von Sprengmaterial und Explosionsgeschossen ist behördlich verboten. Nicht verboten ist die Suche nach Granatsteinen bei der Ortschaft Kaning. Die Vorkommen sind noch so

ergiebig, daß auch Amateur-Gemmologen ihren 'Stein der Weisen' suchen können. Mancher, der beim Tauchen keinen Fisch sah, machte so doch nachträglich noch einen Fischzug...

Der Möllsee

Seehöhe: 747 m, max. Tiefe: 3 m

Etwa 10 km hinter Außerfragant (bei Gößnitz) liegt linker Hand neben der Bundesstraße ein Baggersee, sozusagen eine Verdickung der Möll, die durch dieses Tal fließt. Das Wasser hat eine leicht bräunliche Farbe vom Humus, ist aber stellenweise recht klar. Der Pflanzenbewuchs ist außergewöhnlich dicht, besteht aber fast ausschließlich aus Laichkraut und Wasserpest. Die schöne UW-Landschaft in den Flachzonen kann man auch schnorchelnderweise erkunden und genießen. Für Pflanzenfotografen ein Paradies. Versuchen Sie's mit Gegenlicht, es sind sehr reizvolle Effekte möglich. Fische sind häufig, jedoch nicht artenreich. Meist sieht man nur Barsche und Rotaugen. Hechte sind selten.
Am Möllsee hat eine Surfschule ihr Revier aufgebaut. Wer auf dem Gelände lagern will, muß eine kleine Eintrittsgebühr bezahlen. Die betreffende Wiese ist sehr gepflegt, Parkplätze sind vorhanden. Surfbretter stehen zum Verleih zur Verfügung. Ein landschaftlich reizvoller Ort, an dem es sich lohnt, anzuhalten, und ein Ort, wo man einige Stunden Entspannung findet; vielleicht auf der Fahrt zu oder von den Ostkärntner Bergseen.

Die Moosburgerteiche

Seehöhe: 530 m, max. Tiefe: 6 m

Es gibt insgesamt vier dieser Teiche sowie einige kleine Tümpel, die jedoch keine offizielle Bezeichnung haben. Die nur wenige Kilometer von Krumpendorf a. Wörthersee entfernt gelegene Seenlandschaft bei der Gemeinde Moosburg ist taucherisch nicht allzu interessant für Fotografen und Filmer, jedoch verlockend für Schatztaucher und Waffennarren.
Namentlich gliedern sich die Moosburgerteiche der Größe nach in:
a) Mitterteich
b) Dammigteich
c) Mühlteich
d) Weingartenteich.

In den trüben Gewässern - maximale Sicht 1 bis 2 m - leben viele Karpfen (recht große Exemplare); sie sind bei den Angelfreunden sehr beliebt, und die Teiche werden wegen ihrer hohen Wassertemperaturen von Kleinkindern und Badegästen geschätzt. Das moorige Wasser hat nur eine geringe Heilwirkung. Der Pflanzenbewuchs ist gering und auf die Flachzonen beschränkt. Auch vereinzelte Äste und versunkene Bäume können der Trübheit keinen Reiz verschaffen. Das Wort Moosburg ist eine sprachliche Ableitung der im 9. Jahrhundert von Arnulf von der Pfalz bewohnten 'Mosapurch'. Gerüchten zufolge haben Besatzungsmächte im Ersten Weltkrieg die in der Burgruine als Museumsstücke ausgestellten Rüstungen, Schwerter, alten Feuerwaffen und Folterwerkzeuge in den Moosburgerteichen versenkt. Verschwunden sind mit den antiken Waffen auch unersetzliche Haushaltsgeräte wie Geschirr, Töpfe, Krüge und Pfannen aus der Ritterzeit. Verschiedentliche und sporadische Funde durch Sporttaucher im Mitterteich lassen darauf schließen, daß in diesem Gewässer ein Großteil der entwendeten antiken Gegenstände liegt. Weitreichende behördliche Beschränkungen hinsichtlich der Bergung von Antiquitäten bestehen hier nicht, doch müssen alle gefundenen Gegenstände zur Registrierung den Behörden gemeldet werden. Wenn von staatlicher Seite kein bindendes Interesse an den Fundstücken besteht, darf der Taucher seine Entdeckungen auch behalten.
Nicht behalten darf man zufällig aufgefundene Waffen und Sprengsätze, die in den Moosburgerteichen in Reih und Glied 'Spalier stehen'... Angefangen von Minen, Bomben, Flaggranaten und Sprengstoffkanistern findet man noch Standarten, SS-Embleme, Bajonette und jede Menge Stahlhelme. In der Trübheit des Wassers und in dem feinen Mulm am Grunde riskiert man allerdings mehr als zerschnittene Hände - die Granaten sind nämlich noch zündfähig, und die Bomben sind auch nicht entschärft. Also Vorsicht und Finger weg! Spaß versteht die Gendarmerie allenfalls, wenn Sie ein zerbrochenes Tonkrügerl aus dem Mittelalter ans Tageslicht befördern.

Der Oscheniksee (großer)

Seehöhe: 2.394 m, max. Tiefe: 186 m

Der große Oscheniksee liegt in der Goldberggruppe. Ihn zu erreichen, ist für Mensch und Maschine eine echte Tortur, obwohl ein asphaltierter Weg bis zur Staumauer führt. Extrem steil mit Dutzenden von Spitzkehren windet sich der ehemalige Viehpfad von Innerfragant hinauf zu einem der höchstgelegenen Alpenseen und zugleich einem der tiefsten.
Ursprünglich war der Oscheniksee ein naturgegebener Hochkarsee von enormem Fassungsvermögen. Um dieses noch zu erweitern und für die Stromgewinnung lukrativ zu machen, baute man eine gigantische Staumauer, die den See zum

Energiepotential des in Außerfragant erbauten Kraftwerkes macht. Seine natürliche Tiefe von 120 m vergrößert sich daher ausgangs der Schneeschmelze nochmals gewaltig, so daß das Wasservolumen den gigantischen Wert von 30 Millionen Kubikmetern erreicht.
Vor dem Aufstau galt der große Oscheniksee als einer der klarsten Alpenseen überhaupt. Sichtweiten von 20 bis 30 m waren die Regel. Das gibt es leider nicht mehr. Mit der Staumauer sank die Transparenz. Dennoch bietet der See immer zwischen 8 und 12 m Sicht, je nach Lichteinfall und Jahreszeit.
Vor dem Genuß des Tauchens werden unterhalb der Staumauer zuerst Ihre Lungen und auch die Wadenmuskeln aktiviert, denn eine Schranke verhindert das Befahren der Staumauer (auch das Betreten ist verboten!). Etwa 800 m weit muß die Ausrüstung bis zum Seeufer getragen werden. Nur durchtrainierte Taucher sollten diese Strapaze auf sich nehmen. Es reicht im übrigen aus, wenn eine 7-Liter-Flasche eingesetzt wird. Nur im Trockentauchanzug hält man es länger aus. Bewuchs gibt es nicht. Die UW-Welt besteht ausschließlich aus Felsbrocken, Geröllhalden und Schotterflächen. Vereinzelte Bergsaiblinge und Hochgebirgsforellen huschen umher, sind aber sehr scheu und kaum ablichtbar. Das dunkelgrün schimmernde Wasser eignet sich hervorragend für Gegenlichtaufnahmen des Partners.
Achtung: Die unbegrenzte Nullzeit endet hier schon bei 7 m. Es gibt bei einem Dekounfall in der einsamen Bergwelt der Goldberggruppe keine Rettungsmöglichkeiten.

Der Oscheniksee (kleiner)

Seehöhe: 2.321 m, max. Tiefe: 2 m

Unterhalb des großen Oscheniksees liegt in einer Kuhle sein kleiner Bruder; eher eine Molchlacke als ein See. Im Sommer versiegt der kleine Oscheniksee fast völlig, insbesondere dann, wenn die Kraftwerksgesellschaft den Abfluß aus dem großen Oscheniksee stoppt.
Attraktiv ist der kleine Oscheniksee nur im Frühjahr, wenn Molche und Bergunken Hochzeit halten. Die Schnorchelausrüstung genügt dann völlig. Phänomenal ist die Sicht, quer hindurch! UW-Landschaften sowie Halb-und-Halbaufnahmen drängen sich hier förmlich auf.
Strapaziös ist der Weg zum See - sämtliches 'Geraffel' muß über eine große Geröllhalde ohne Sicherung hingeschleppt werden. Das ist nicht ganz ungefährlich. Ein gebrochenes Bein - oder eher eine Knöchelverstauchung hier oben ... Jeder prüfe selbst, ob ihm einige UW-Bilder dieses Wagnis wert sind.

Der Ossiachersee

Seehöhe: 501 m, max. Tiefe: 52 m

Mit einer Wasserfläche von 10,8 qkm ist er Kärntens drittgrößter See. Durch eine schwellenartige Erhebung in 10 m Tiefe wird der See in zwei Becken unterteilt. Während das östliche Becken nur eine Durchschnittstiefe von 11 m hat, geht im westlichen Becken die Absenkung bis auf fast 50 m.
Seine geringe mittlere Tiefe von 20 m und eine starke Windexposition sind die Ursachen dafür, daß er als einziger der vier großen Kärntner Seen bis zum Grund durchgemischt wird. Er gehört somit eindeutig zu den holomiktischen Gewässern. Die extreme Windeinwirkung verhindert zudem das totale Zufrieren fast gänzlich. Nur in strengen Wintern bildet sich eine begehbare und für Eistauchzwecke genügend dicke Eisschicht.
Im Sommer hat der Ossiachersee selbst in der Seemitte gut und gern 24 °C Wassertemperatur. In den Uferbereichen treten Temperaturen von bis zu 28 °C auf. Trotz dieser außergewöhnlichen Erwärmung bleibt die Sicht noch erträglich, um 2 bis 5 m, je nach Örtlichkeit.
Freien Zugang zum See gibt es wegen Privatisierungs- und Bebauungstendenzen nur noch in eingeschränktem Maße. Jedoch bleiben genügend Möglichkeiten, über Badeplätze und Campinganlagen zum See zu gelangen. Am Ossiachersee kann man zudem wunderschöne Ferienhäuser mit eigenem Bootssteg und Ruderboot mieten (eventuell zwei Taucherfamilien, damit es preiswerter wird). Dem Tauchvergnügen stehen somit viele Wege offen, zumal der See ausgedehnte und urwüchsige Schilfzonen aufweist. Am fischreichen Ossiachersee wurde bis 1981 eine intensiv betriebene Berufsfischerei beibehalten. Für Fischfotografen tut sich hier ein äußerst interessantes Gebiet auf. Zander, Welse, Aale, Schleien, Karpfen, große Brachsenschwärme und ein natürlicher Renkenbestand gewährleisten spannende Tauchgänge, insbesondere nachts.
Doch das Gewässer hat auch eine bewegte Geschichte. Ein unrühmliches Kapitel menschlicher Vergangenheit schlägt man auf, wenn man bei Altossiach taucht und im Schlamm gräbt. Ganze Wagenladungen von Säbeln, Messern, Dolchen, Drahtschlingen und Wurfpfeilen lagern hier. Teilweise sind die Funde mit dem Schnorchel ertauchbar. Es handelt sich hierbei um die Ausrüstungsgegenstände einer Kosakenarmee aus dem Ersten Weltkrieg, die von den Besatzungstruppen entwaffnet, nach Ungarn abgeschoben und von dort in Eisenbahnwaggons in die ehemalige UdSSR verfrachtet wurde, wo sie von den damaligen Machthabern mit MG's liquidiert wurde.
Unter Waffennarren gilt der Ossiachersee als das Gewässer mit den meisten und verschiedenartigsten Bajonettfunden. Insider schätzen den Bestand auf mehrere Hunderttausend. Daneben haben die Besatzer und flüchtende SS-Schergen zu Ende

des Zweiten Weltkrieges tonnenweise Munition und Waffen im See versenkt. Unberührte Waffenkisten, Nebelgranaten, versenkte Flaks, Granatwerfer und Panzerfäuste. Übrigens stammte der Sprengstoff, den die Baader-Meinhof-Bande bei ihren Anschlägen verwendete, teilweise aus dem Ossiachersee...
Noch unbekannt ist die Absturzstelle einer Spitfire, die 1944 zusammen mit dem Piloten im See versank. Bei Bodensdorf hat der österreichische Entminungsdienst 22 t Sprengstoff geborgen. Mehr als das Doppelte soll noch dort liegen. Eine weitere riesige Munitions und Waffenhalde wird vor dem Lido vermutet, denn dort starb ein hoher österreichischer Sicherheitsoffizier beim Waffentauchen. Nachdem er seinem Auftraggeber mehr als 1.000 Waffenstücke ertaucht hatte, erlitt er in 15 m Tiefe vor Überanstrengung einen Kreislaufkollaps. Beim Lido wurde überdies ein Jeep versenkt, der nun in ca. 17 m Tiefe im Schlamm steckt.
Warnung: Wer Waffen ertaucht oder solche Waffen veräußert, wird von den österreichischen Behörden mit strengen Strafen belegt. Melden Sie bitte alle Waffenfunde unter Angabe der Fundstelle. Tauchen Sie niemals gezielt nach Waffen, denn viele Sprengkörper liegen fast immer in über 30 m Tiefe, so daß Dekounfälle ein weitere, nicht zu vernachlässigende Gefahr darstellen. Wenn man im Ossiachersee tauchen will, muß man sich gelegentliche Kontrollen der Polizei gefallen lassen.

Der Rauschelesee

Seehöhe: 514 m, max. Tiefe: 12 m

Der Rauschelesee ist ein sehr idyllischer, mittelgroßer Badesee mit weiten Flachzonen zum Spielen für die Kinder. Etwa 2 km vor Keutschach biegt man bei der Ortschaft Pichlerhof ab und folgt der Beschilderung zum See. Zwei große Campingplätze in unmittelbarer Nähe des Sees bieten im Sommer einen angenehmen Aufenthalt.
Wer nur besuchsweise anreist, parkt auf dem öffentlichen Parkplatz am See. Eine gepflegte Wiese mit Grillstelle und eine kleine Badebucht machen das Gewässer für solche Taucher interessant, die mit Familie anreisen, wenngleich sich die positiven Eindrücke unter Wasser nicht ungeschmälert fortsetzen lassen. Eine Maximalsicht von leider nur 2 m zwingt Fotografen und Filmer in den Uferbereich, wo im Schilf- und Wasserpflanzengürtel viele Frösche, Kaulquappen, Wasserschnecken und Larven leben. Vergessen Sie daher nicht Ihre Nahaufnahme- oder Makroausrüstung. An einigen wenigen Stellen gibt es auch Seerosen (stehen unter Naturschutz!).
Das Wasser des Rauschelesees ist sehr warm, und in der Ferienzeit und an warmen Wochenenden herrscht daher reger Badebetrieb. Bei Nachttauchgängen begegnet man Hechten, Aiteln, Aalen und Barschen. Wegen der beschränkten Sicht gestaltet sich die Fischfotografie jedoch als sehr schwierig. Der Rauschelesee hat übrigens eine

Verbindung zum Baßgeigensee, aus dem er im Herbst mit Klarwasser gespeist wird. Mit Ausgang des Sommers kann es daher in der Einflußzone gelegentlich auch etwas klarer werden.

Der Rosensee

Seehöhe: 440 m, max. Tiefe: 8 m

Vermutlich hatte der Rosensee in früheren Jahren einen direkten Zugang zum Wörthersee, denn er ist von diesem nur durch eine schmale Landzunge getrennt. Ein gewisser Wasseraustausch der beiden Gewässer scheint unterirdisch gegeben zu sein. Der Rosensee liegt nur ca. 500 m von der Tauchschule ATLANTIS (in Krumpendorf) entfernt in Richtung Pörtschach. Da der See in Privatbesitz ist (Familie Hasenbichler), ist ein Betauchen nur nach vorheriger Genehmigung möglich. Diese kann entweder über die Tauchschule ATLANTIS oder direkt über die Eigentümer erfolgen. Auf Landkarten wird dieser See auch als Kleinersee bezeichnet.
Ein heimliches Betreten des Geländes ist schon deshalb nicht möglich, weil der See inmitten eines eingezäunten Naturschutzareals liegt. Am schlecht zugänglichen Ufer (sumpfiges Gelände) lauern blutrünstige Riesenschnaken auf jeden Besucher. Es ist empfehlenswert, sich außerhalb der Stechmückenzone im Wald umzuziehen. In früheren Jahren soll der Rosensee 8 m tief gewesen sein. Erste Verlandungstendenzen sind erkennbar. Das Wasser beherbergt große Seerosenfeldern. Allerdings ist die Sicht oft sehr bescheiden (etwa 2 m), weshalb nur Makroobjektive oder Superweitwinkelobjektive der UW-Fotografie einen Sinn verleihen. Man trifft nur gelegentlich auf Fische, darunter Barsche, Rotaugen, Hechte und Welse. Daß der Fischbestand nur spärlich ist, wird auf das Vorhandensein der großen Welse zurückgeführt, die einen solchen See durchaus kahlfressen können.
In den Uferzonen, unter schwimmenden Wasserpflanzen, lauern oft große Gelbrandkäfer auf unvorsichtige Jungfische. Wasserfrösche huschen in sicherem Abstand vorbei, Wildenten sorgen an der Wasseroberfläche für Abwechslung.
Der gesamte Seegrund ist eine einzige feine Mulmschicht. Vorsicht! Kamera unbedingt festhalten. Es besteht keine Chance, bei Verlust das teuere Stück wiederzufinden. Alle schweren Gegenstände versinken unrettbar in den federleichten Sedimentstoffen. Trotz der nur mäßigen Sichtweite ist das Wasser biologisch sehr sauber. Riesige Teichmuscheln bilden ganze Kolonien. Erstmalig sah ich, wie die Muscheln beim Näherkommen eines Tauchers eine Art Sekret ausstoßen; welcher Art dieser Auswurf war, konnte ich allerdings nicht festgestellen. Auch die Frage, ob dies gar zur Abschreckung dient, bleibt unbeantwortet. Ein analoges Verhalten konnte bis dato in keinem der Kärntner Seen bei Muscheln festgestellt werden.

Bis heute ungeklärt ist auch das spurlose Verschwinden von drei Menschen, die vor vielen Jahren während eines Sturmes im See verschollen sind. Alles, was man von ihnen fand, war das gekenterte Fischerboot. Weder Taucher noch Suchmannschaften mit Stangen konnten die Leichen der Ertrunkenen aufspüren. Der Rosensee gilt limnologisch als Moorsee mit geringer Heilwirkung. Aufgrund der geringen Wassertiefe ist er im Sommerhalbjahr so warm, daß ein Trockentauchanzug überflüssig ist.

Die Schmelzwasserlacke

Seehöhe: 2.110 m, max. Tiefe: 2 m

Kurz bevor man den Kegelesee erreicht, zweigt rechts ein Viehpfad ab, der nur mit Allradantrieb oder einem sehr geländegängigen Fahrzeug befahrbar ist. Etwa einen Kilometer fährt man auf dem steinigen und holperigen Pfad, dann hört man schon ein Plätschern. Einfach unglaublich ist die Klarheit des Wassers.
Das Schmelzwasser der umliegenden Gletscher rinnt über ein Schotterfeld, wo es grob gereinigt wird. Dann sickert das schon klare Naß durch ein Kiesbett, in dem praktisch noch die letzten Verunreinigungen hängenbleiben. Das Ergebnis ist eine Kuhle von 80 m Länge, durch die man hindurchsehen kann. Eines der wenigen Gewässer, aus denen man ohne Bedenken seinen Durst stillen kann.
Fische und andere Lebewesen gibt es hier allerdings nicht. So leblos die Schmelzwasserlacke auch ist, so faszinierend ist ihr Wasser als solches. Dem Nur-Taucher bringt es vielleicht nicht allzuviel, aber dem engagierten Fotografen um so mehr: Halb-und-Halbaufnahmen sowie Taucheraufnahmen in stahlblauem Wasser.
Vorsicht mit Flossenbewegungen, der schlammige Grund wirbelt bei Unachtsamkeit explosionsartig hoch. Warmer Anzug ist sehr zu empfehlen. Die Wassertemperatur beträgt auch im Hochsommer nur 5 bis 6 °C. Die umliegenden Almwiesen beherbergen eine einmalige Tier-und Pflanzenwelt - herrliche Blumen, Murmeltiere, Gemsen, Adler und Bergdohlen.

Die Spintikteiche

Seehöhe: 600 m, max. Tiefe 6,5m/2,5 m

Es gibt den vorderen und den hinteren Spintikteich. Taucherisch ist nur der hintere von einigem Interesse. Beide Spintikteiche sind Moorseen mit geringer Heilwirkung.
Im braunen Wasser tummeln sich viele Fische - Rotfedern, Elritzen, Forellen; außerdem gibt es Frösche und anderes Kleingetier. Die geringe Sicht (bis 2 m) scheint

anfänglich nicht besonders einladend, doch mit der richtigen Makroausrüstung läßt sich auch hier etwas machen. Spärlich ist ebenso der Bewuchs, am Rande wächst Wassergras.
Sehen Sie die Spintikteiche nicht unter dem Gesichtspunkt des Nur-Tauchens, sondern eher als Ausflugsziel für die ganze Familie. Das Wasser ist im Sommer an der Oberfläche fast lauwarm - ein idealer Badeplatz für Kinder. Kleine Badebuchten mit Sitzbänken unterstreichen diesen Charakter zusätzlich. Beim Lagern auf dem Waldboden kommt es zu Belästigungen durch rote Waldameisen (sind geschützt!). In beiden Teichen sollen noch beträchtliche Waffenbestände ruhen.
Fahren Sie auf der Süduferstraße des Wörthersees von Klagenfurt nach Maria Wörth bis zum Hinweisschild 'Spintikteiche'. Der steilen Bergstraße folgen und am Naturschutzschild parken. Man muß nun ca. 15 Minuten durch den Wald gehen. Es herrscht Fahrverbot, und zwar nicht nur wegen der Umwelt, sondern primär wegen der mangelnden Tauglichkeit der Fahrzeuge. Nur mit wirklich geländegängigen fahrbaren Untersätzen kann man den hinteren Spintikteich erreichen. Dies lohnt sich aber kaum, denn Parkplätze gibt es nicht, und die Forstverwaltung macht Ärger, wenn Allradfreaks die Luft verpesten und Lärm machen.
Genießen Sie deshalb mit der Familie den Waldspaziergang, sammeln Sie Beeren und Pilze - es gibt recht viele Pfifferlinge - und lauschen Sie dem Murmeln des kleinen Waldbaches. Wer könnte da noch Sehnsucht nach dem Auto haben...?

Stappitzersee

Seehöhe: 1.270 m, max. Tiefe: 12 m

Man biegt bei Obervellach nach Mallnitz ab, fährt weiter bis zur Aukogelbahn und folgt der Naturstraße noch 1,5 km. Normalerweise darf ab der Verbotstafel nicht mehr mit dem Fahrzeug weitergefahren werden (Naturschutzgebiet und Privatgelände). Die Genehmigung dazu erhält man in Mallnitz im Hotel 'Drei Gemsen' von der Familie Sterz. Der Stappitzersee ist Privateigentum. Forellen, Saiblinge und Elritzen bilden den Fischbestand dieses Gewässers.
Teilweise ist der Natursee in Verlandung übergegangen; es bleibt aber dennoch eine ausreichend große Wasserfläche übrig, so daß man hier den Tauchsport ausüben kann. Auch Surfen und Baden ist möglich. Die Wassertemperaturen halten sich aber in Grenzen. Über 20 °C sind es selten. Falls Angelsportler am See sind, diese bitte nicht stören und weiträumig umschwimmen.
Die Sicht ist leider etwas eingeschränkt, etwa 3 bis 5 m; klarer wird es in der Nähe des Zuflusses (Gebirgswasser). Doch die herrrlichen Wasserpflanzen machen alles wieder wett. Das Ufer ist nahezu ringsum von flutendem Hahnenfuß bedeckt. Wunder-

schön blüht er im Juli bis August an der Oberfläche; seine Stengel reichen bis zu mehreren Metern in die Tiefe. Gegenlichtaufnahmen und Taucherportraits hinter Pflanzenbüscheln - hier ist das kein Problem.
Während unseres Besuches hagelte es. Kirschgroße Eiskörner fielen vom Himmel und durchschlugen die Wasseroberfläche wie Dumdumgeschosse. Der Anblick der tanzenden Hagelkörner erinnerte an springende Tischtennisbälle - ein fantastisches Erlebnis.
Wichtige Hinweise: Das unmittelbare Gelände um die Fischerhütte ist tabu. Betreten Sie dieses nur nach ausdrücklicher Einladung. Jeglicher Abfall ist nach dem Tauchgang selbstverständlich umgehend einzusammeln und wegzutransportieren. Keine Geländetouren mit Allradfahrzeugen machen. Manchmal weiden Pferde am See; nicht durch Hupen und schnelles Fahren erschrecken.
Neben dem Stappitzersee fließt ein kleiner Bach mit tiefen Ausbuchtungen. Die Gumpen sind gut 1,5 bis 2 m tief. Im mitunter etwas milchigen Wasser stehen viele Forellen. Man kann sich in der Kreiselströmung gut treiben lassen. Unbedingt Handschuhe anziehen, es handelt sich um Eiswasser!

Die Tierparkteiche

Seehöhe: 840 m, max. Tiefe: 4 m

Wenige Kilometer hinter Malta im Maltatal liegt der Wild- und Tierpark 'Diana'. Auf dem eingezäunten Gelände dieses Tierparks liegen zwei Teiche, einer mit dem Attribut 'natürlich aufgebaut', der andere ist ein betoniertes Forellenbecken.
Nach Absprache mit den Inhabern (Familie Mitterschaider) ist Tauchen möglich. Der Besatz besteht ausschließlich aus Salmoniden folgender Arten: Regenbogenforelle, japanische Zuchtforelle (gelb) und Bachsaibling. Im Forellenbecken ist das Wasser eiskalt, aber auch sehr transparent. Gegen Mittag scheint die Sonne fast senkrecht hinein. Die Fische lassen sich mit Brotkrumen anfüttern; hiernach sollte dann wegen der im Wasser schwebenden Teilchen nicht mehr geblitzt werden.
Die Sicht im großen Forellenteich ist wesentlich schlechter. Man muß hier auch auf eventuell anwesende Angler Rücksicht nehmen. Beiden Gewässern ist eine geradezu bestialische Kälte zu eigen. Ohne Handschuhe kann man den Kameraauslöser schon nach wenigen Minuten nicht mehr betätigen.
Im Diana-Tierpark kann sich Alt und Jung vergnügen, wenngleich der Anblick von Löwen und Tigern nicht so recht in die Hochgebirgslandschaft passen will.

Der Trattnigteich

Seehöhe: 550 m, max. Tiefe: 4 m

Das Wort Teich ist eigentlich untertrieben und hat allenfalls Gültigkeit für die großen Flachzonen. Ansonsten gehört der Trattingteich von seiner Flächenausdehnung her zu den mittelgroßen Seen. Auf regionalen Landkarten ist er verzeichnet. Er liegt ca. 4 km von Maria Wörth entfernt, in Richtung Schiefling, bei der Ortschaft Furtasch.
Der Teich wird von den Einheimischen auch Krebssee genannt. Das ist nicht übertrieben, denn in diesem Gewässer liegen die Krebse herum wie Kieselsteine. Vermutlich sind es Tausende, die zwischen versunkenen Ästen, unter Steinen, Laub, Moder, in kleinen Höhlen und im Seegras herumkrabbeln. Vergessen Sie nicht das Makroobjektiv oder die Zwischenringe, denn der Trattnigteich hat im Jahresdurchschnitt nur eine Sichtweite von 2 m. Nur nach längerer Trockenperiode klart er kurzfristig auf 3 bis 4 m auf. Gute Taucheraufnahmen sind also kaum zu realisieren.
Dafür gibt es im Nahbereich um so mehr zu sehen. Im relativ warmen Wasser findet man schon im August Krebsweibchen mit Eierdolden oder Jungtieren unter dem Schwanzfächer. Wie zuckende Nadelköpfe wogt das Gewimnmel der ca. 200 Pünktchen unter dem Körper des Muttertieres. Werden die Krebschen größer, so zieht sich die Alte mit dem Nachwuchs in kleine Höhlen zurück. Man kann beobachten, wie die halbwüchsigen Scherenritter um und über die Mutter herumwuseln. Die Zahl der Tiere wird dadurch dezimiert, daß viele Krebse Opfer ihrer eigenen Artgenossen werden. Die frisch gehäuteten Butterkrebse können nur überleben, wenn sie einen sicheren Unterschlupf gefunden haben, wo ihr noch weicher Panzer in Ruhe aushärten kann. Im Trattnigteich gibt es riesige Karpfen. Über großen Wasserpestfeldern sieht man außerdem viele Junghechte. Infolge der schlechten Sicht muß man langsam und sehr vorsichtig flosseln, sonst übersieht man die raffiniert getarnten Jäger. Die kleinen, einem Mini-Krokodil nicht unähnlichen Raubfische sind auch tagsüber mit der Makroausrüstung zu 'erlegen'.
Zu den besonderen Schmuckstücken des Trattnigteiches zählen die Gelbbauchunken. Diese seltenen, auf der Liste der bedrohten Tiere stehenden Amphibien haben hier ein ideales Refugium gefunden. Es gehört vermutlich zu den ganz großen fotografischen Erlebnissen, unter Wasser einer Gelbbauchunke zu begegnen.
Wenn Sie Kinder haben und diese unbedingt eine solche Unke anfassen müssen, so sollten sie auf alle Fälle hinterher gründlich die Hände waschen, denn das Hautsekret dieser Tiere kann in Augen, Nase und Mund zu Reizungen der Schleimhaut und auch zu Bindehautentzündungen führen.
Hinweis: Bitte nicht mit dem Auto in schneller Fahrt und gedankenlos bei regnerischem Wetter durch die Pfützen auf dem Weg rund um den See rauschen, weil viele Unken diese flachen Kuhlen als Brutgewässer bevorzugen.

Der Urbansee

Seehöhe: 747 m, max. Tiefe 3 m

Gelegen ist der Urbansee in einem Seitental des Glantales in den Sörgerbergen. Das Gebiet ist als landschaftsschutzwürdig ausgewiesen. Auf Landkarten ist der Urbansee fast immer eingezeichnet, seine Fläche umfaßt immerhin 90.000 qm. Benannt ist der See nach dem gleichnamigen Kurort St. Urban.
Der Urbansee ist ein eiszeitliches Relikt, also ein sehr altes Gewässer. Zeugen einer weit zurückreichenden Geschichte sind die im Umfeld des Sees wachsende Polarbirke (Betula humilis) und das Fettkraut (Pinguicula alpina), eine fleischfressende Pflanze. Taucherisch hat der augenscheinlich trübe und flache See (braunes Moorwasser) einiges zu bieten. Starke Verkrautungen und ein ausgezeichneter Fischbestand (Karpfen, Schleien, Hechte, Zander, Welse, Barsche und Weißfische) locken neben einer kleinen, aber edlen Krebspopulation. Außerdem hat man, um der zunehmenden Vekrautung Herr zu werden, Amure (Graskarpfen) eingesetzt. Zu betauchen ist der Urbansee sinnvollerweise nur über das Strandbad. Große Teile des Uferbereichs sind eingezäunt; was übrig bleibt, ist von einem dichten Schilfgürtel umgeben.
So ist auch die Familie vom Wasserspaß nicht ausgesperrt. Für Kleinkinder bietet das Freibadgelände ohnehin die besseren Spielmöglichkeiten.

Der Weißensee

Seehöhe: 930 m, max. Tiefe: 99 m

Der Weißensee gilt als Bergsee (geänderte Nullzeiten beachten) und ist Kärntens höchstgelegener Badesee, wenn auch relativ kühl. Ein Trockentauchanzug ist jedoch nicht erforderlich. Der See ist auf jeder Landkarte verzeichnet, weshalb sich eine Wegbeschreibung erübrigt.
Taucherisch ist der See am besten vom Ostufer her zu erobern. Bitte nicht auf den Wiesengrundstücken und Waldwegen parken, denn das Gelände ist als Landschaftsschutzgebiet ausgewiesen. Tauchverbot herrscht an der Anlegestelle für den Passagierschiffsverkehr. Rücksicht ist ferner zu nehmen auf Angler, Badegäste und Ruderbootfahrer.
Beim Hotel 'Dolomitenblick' liegt in 47 m Tiefe ein Jeep. Interessanter ist es aber zweifelsfrei in den Flachzonen bis zu 10 m. Stellenweise sieht es aus wie in einem Sägewerk. Bäume, Äste, Sträucher, Holzlatten und einige versunkene Anglerboote liegen kunterbunt in nächster Nähe des Hotels. Sie bilden ausgezeichnete Staffagen für Film- und Fotoszenen.

Zwischen den Zweigen und unter den Baumstämmen sieht man außergewöhnlich viele Hechte. Es ist nicht übertrieben, den Weißensee als Österreichs Hechtgewässer Nummer eins zu bezeichnen.
Zur Transparenz ist zu sagen, daß diese während der Schneeschmelze im Frühjahr kaum über 3 m hinausgeht. Der Weißensee wird zudem von Kalkpartikeln milchig eingefärbt, so daß UW-Fotografen das Blitzlicht nicht allzu häufig einsetzen sollten. In den Monaten Juli bis Oktober kann der Weißensee nach längeren Trockenperioden allerdings bis zu 10 m Sichtweite aufweisen. Pflanzen sind nicht in übermäßiger Zahl oder Vielfalt vertreten; die wenigen dort vorkommenden Arten erreichen nur selten imponierenden Wuchs. Um so beeindruckender ist die Fauna. Große Aitel, Barschschwärme, Weißfischwolken und Forellen bereichern die UW-Welt. Bis in den Sommer hinein hängen lange Barschlaichbänder in versunkenen Tannenbäumen und im überfluteten Reisig. Tannenbäume scheinen überhaupt eine bevorzugte Wohnstatt vieler Barsche zu sein. In einigen der Bäume habe ich ganze Barschfamilien entdeckt. Bei vorsichtigem Agieren sind Aufnahmen von diesen Schwarmfischen durchaus möglich.
Der Weißensee ist sehr tief. Bleiben Sie in den oberen Wasserschichten; frühere Unfälle von Tauchern sind Mahnung und Warnung genug. Der wohl unglaublichste, auf purem Leichtsinn beruhende Unfall ereignete sich Anfang der 80er Jahre, als zwei österreichische Sporttaucher den von einem Jäger angeschossenen und auf der Flucht im See ertrunkenen Hirsch - vor allem wohl sein Geweih - aus über 90 m Tiefe bergen wollten. Ein Taucher starb, der andere konnte sich vermutlich nur retten, weil er hochtrainiert und in seiner Jugend Leistungs-Flossenschwimmer war.

Der Wörthersee

Seehöhe: 440 m, max. Tiefe: 85 m

Freies Tauchen ist hier leider nicht mehr überall möglich. Nicht etwa, weil es verboten wäre, sondern weil der ungehinderte Zugang zum Wasser keinesfalls so einfach ist, wie man sich das vorstellt. Fast alle Grundstücke rings um den See sind in Privatbesitz; Zugang hat also nur, wer sich in einer Pension oder dergleichen am See einquartiert. Möglichkeiten, ans Wasser zu gelangen, bestehen zudem über die öffentlichen Badeanstalten, z.B. Bad Stich in Krumpendorf u.a. Wer seine Flasche in der Tauchschule ATLANTIS nachfüllt und gar noch das Quartier über Ferdl Strutz gebucht hat, dem steht nach 16.00 Uhr der Privatstrand der Tauchschule offen, oder er kann vom Badesteg der Wedenig-Bungalows aus tauchen. Ich persönlich halte diese Möglichkeiten für die besten, weil das Tauchgebiet im Hinblick auf Abwechslung, Fischbestand und Pflanzengürtel zu den interessantesten des ganzen Sees gehört.

Als besondere Attraktion bietet der Wörthersee künstlich angelegte Fischnester, die aus unterseeischen Pflanzenwäldern, Hölzern, überwachsenen Fischnetzen und aufgeschütteten Untiefen bestehen. In nur wenigen Metern Tiefe hat sich eine unglaubliche Fisch- und Pflanzenverdichtung gebildet. Man glaubt zu träumen, wenn man über riesigen Hechten, Barschen, Aalen und manchmal auch Welsen durch diesen Dschungel gleitet. In und um die Fischnester wird das Wasser von Teichmuscheln gefiltert, so daß die Sicht dort immer 1 bis 2 m besser ist als im übrigen See. Im Hochsommer und im Herbst klärt sich das Wasser oft bis auf 8 m horizontale Sicht auf. Die Fischnester sind von ortsunkundigen Tauchern nicht leicht zu finden, liegen teils auch mehrere hundert Meter vom Ufer entfernt. Wenden Sie sich diesbezüglich an die in Krumpendorf ansässige Tauchschule ATLANTIS. Wunderschöne Tauchgänge erlebt man in den ausgeprägten und unverfälschten Schilfzonen, die stellenweise von wild wachsenden Seerosenfeldern (stehen unter strengem Naturschutz!) abgelöst werden. Unter den großen, gelben und rotorange schimmernden Blättern stehen Junghechte, Forellenbarsche und jede Menge seltener Kleintiere wie z.B. Libellenlarven und Wasserkäfer. Daneben sieht man auch tauchende Ringelnattern und gründelnde Haubentaucher.
Bei Kap Wörth soll im Zweiten Weltkrieg ein reicher Jude kistenweise Geld, Gold, Juwelen und Tafelsilber versenkt haben. Obwohl schon mehrfach nach diesem Schatz getaucht wurde, konnten nur wenige Besteckfragmente gefunden werden. Gegen Endes des Krieges haben an der Süduferstraße SS-Schergen abgerüstet und ihre gesamte Habe im See verschwinden lassen. **Waffenfunde sind meldepflichtig!! Nicht vergessen!**
Von Waffensammlern wurden aus dem Wörthersee bisher illegal ca. 20.000 Bajonette geborgen. Unbestätigten Informationen zufolge sollen noch mindestens weitere 100.000 Bajonette und andere Waffen auf dem Seegrund liegen. Wird man mit besagten Waffen von der Polizei, die pausenlos kontrolliert, ertappt, drohen Gefängnis und hohe Geldstrafen.
Gefahr bringt auch die Tiefe mit sich. Nächtliches Graben in 40 m Tiefe erfordert ein ganz besonderes Nervenkostüm. Ein allerdings höchst interessantes Kriegsrelikt liegt vor Krumpendorf in 40 bis 50 m Tiefe, das Wrack eines Flugzeuges. Bedenken Sie jedoch immer die Gefahr eines Dekounfalles. Das gilt auch für das Tauchen nach dem versunkenen Leichenwagen, der zwischen Maria Wörth und Villa Angerer auf dem Grund ruht. Der angetrunkene Fahrer und sein Begleiter wollten samt Leiche die Abkürzung über den zugefrorenen See nehmen und sind unter dem brüchigen Eis verschwunden. An dieser Stelle ist der See ca. 50 m tief und stark verschlammt.

Der Wolayersee

Seehöhe: 1.951 m, max. Tiefe: 14 m

Innerhalb der Kärntner Seenpalette kommt dem Wolayersee zweifellos eine Sonderstellung zu. Er liegt in den Karnischen Alpen und ist Kärntens einziges Grenzland-Tauchgewässer. Allerdings ist das Tauchen mit Hindernissen verbunden, da der Zugang bzw. die Auffahrt zum See durch ein Naturschutzgebiet führt, und nur die Tauchschule ATLANTIS das Recht erworben hat, Taucher zu diesem Gewässer zu führen.
Der die Eduard-Pichl-Hütte oberhalb des Wolayersees bewirtschaftende Pächter schleppt mit seinem Traktor die Gerätschaft auf fast 2.000 m Höhe, von wo aus dann der Abstieg zu dem (in einer Mulde gelegenen) See beginnen kann. Das Bergseeabenteuer rückt allerdings erst nach einem ca. zweistündigen Aufstieg - hier fährt der Traktor langsam voran - in greifbare Nähe. Der Mühe Lohn: Hier tauchen, etwas, wovon andere nur träumen!
Die beste Zeit ist von Mitte Juli bis Ende August. Vorher ist der See durch Schmelzwasser getrübt, danach schneit es oftmals schon wieder. Planen Sie keinesfalls einen zu frühen Aufstieg (etwa schon im Mai). Wenn der Treckerfahrer nämlich wegen Lawinenverschüttungen (was natürlich auch im Juni noch vorkommen kann) nicht bis zu seiner Hütte fahren kann, müssen Sie die gesamte Ausrüstung den Rest des Weges selbst bergauf schleppen. Das schaffen Sie in diesem steilen Gelände nur, wenn Sie sehr gut trainiert sind. Büroathleten und zierliche Frauen sollten davon Abstand nehmen, weil eine solche Schinderei dann wirklich nichts mehr mit Vergnügen zu tun hat. Schon der normale Aufstieg, ohne Ausrüstung, ist kein Familienausflug, der leichten Fußes bewältigt werden kann.
Hat man Glück mit dem Wetter, so erwarten einen Sichtweiten von über 20 m. In ungünstiger Jahreszeit (Schneeschmelze) oder bei Regen sind es allerdings nur 5 m. Im See selbst flitzen einige unterernährte Saiblinge um ihr Leben; Reste von Besatzversuchen, die alle keinen Erfolg und Gewinn abwarfen. Zwischen den Geröllbrocken lebt noch eine unbekannte Krebsart, winzig klein und sehr scheu. Dann gibt es noch vereinzelte Schleimalgenflecken, sonst ist alles tot. Aber die Steine und Felsen sind einmalig. Ausgewaschen, kaminartig durchzogen und durchlöchert - ein faszinierender Anblick. Das durchlöcherte Kalkgestein ist 1,5 Millionen Jahre alt. Einige der Fragmente sehen den echten Steinkorallen zum Verwechseln ähnlich. Wie die merkwürdigen Gesteinsformationen entstanden sind, ist noch rätselhaft, denn nirgendwo hat man derartiges bis jetzt entdecken können. Für Hobby-Geologen ist der Wolayersee und auch sein Umfeld eine höchst interessante Gegend.
Vorsicht: Im Wolayersee liegen noch vereinzelt Handgranaten in zündfähigem Zustand. Beachten Sie das Bergeverbot für Waffen.

Mitten durch den See führt übrigens die Grenze zwischen Österreich und Italien. 'Zweiländertauchen' - auch das ist ein Part dieses schwer zugänglichen Gewässers.

Der Zmulnersee

Seehöhe: 530 m, max. Tiefe: 8 m

Der Zmulnersee ist ein typisches Badegewässer glazialen Ursprungs, westlich des Ulrichberges gelegen, in einer sumpfigen Senke. Aufgrund ausgeprägter landwirtschaftlicher Nutzung des Umfeldes zeigt er bisweilen starke eutrophe Erscheinungen. Bezüglich der Sichtweiten bedingt dies Einschränkungen auf 1 bis 3 m, mehr kommt sehr selten vor. Hinzu kommt in der Hauptsaison der ungehinderte Zustrom von Badegästen.
Als Taucher sollte man den Besuch des Zmulnersees darum auch mehr unter familiären Aspekten sehen. Idyllische Badestege, die ansprechende Ufervegetation und das im Sommer sehr warme Wasser gefallen insbesondere auch den nicht-tauchenden Ehefrauen und den Kindern.
Weißfische, Hechte, Barsche und Karpfen sind üppig vorhanden. Nachttauchgänge mit der Kamera zeigen, was der See in sich hat.
1977 wurde das Kleingewässer (ca. 130 m im Durchmesser) mit seiner Umgebung unter Landschaftsschutz gestellt. Im Frühjahr laden Amphibien-Hochzeiten (seltener Arten) an den Seeufern zur Beobachtung ein.

KÄRNTEN VON A - Z

Auto: Mit Ausnahme der entlegenen Hochgebirgsseen sind fast alle Tauchgewässer direkt mit dem Auto zu erreichen. Keinesfalls findet man aber immer ideale Parkplätze. Hin und wieder muß man die Ausrüstung deshalb etwas tragen.
Denken Sie daran: Nicht in Wiesen und Wälder fahren; keine Autos waschen.

Badefreuden: Die Seen im Kärntner Becken sind ausgesprochene Badegewässer, ideal für Familien mit Kleinkindern. Oft betragen die Wassertemperaturen 26 °C bis 28 °C.

Carinthia: Schon die Römer kannten das Land Kärnten und nannten es Carinthia.

Deutsch: Im Sommer ist Kärnten in manchen Orten so von deutschen Urlaubern überschwemmt, daß man zeitweilig kaum noch Österreichisch hört. Viele Bundesbürger haben Ferienwohnungen oder Häuschen gekauft.

Ehemalige jugoslawische Teilrepubliken: Abstecher lohnen sich - sofern es die politische Lage zuläßt! - in die ehemaligen jugoslawischen Teilrepubliken und jetzigen unabhängigen Staaten wie Slowenien, Kroatien usw. Von den dortigen Süßwasserseen sind einige erstaunlich klar.

Essen: Kärtens Küche hat sich zwar den Wünschen der bundesdeutschen Ferienhorden angepaßt, aber in abgelegenen Landgasthäusern erschmeckt man noch das "Ursprüngliche" - einfache, aber wohlschmeckende regionale Speisen.

Filme: Wer viel fotografiert, sollte sein Filmmaterial von Zuhause mitbringen. Man kann zwar im entlegensten Ort Dia-Filme bekommen, sie sind aber wesentlich teurer als in der Bundesrepublik.

Füllstationen: TÜV-geprüfte Flaschen (keine aus Alu) werden in vielen Sportgeschäften, bei der Feuerwehr und den örtlichen Tauchbasen (nur zwei Stück; siehe dazu unter **Geräteverleih**) gefüllt.
Club Fliegenpilz, Scubapro-Shop und Pension, Süduferweg 123 bis 125, A-9871 Seeboden am Millstätterse; Tel. 00433-4762-81708

Geräteverleih: Ist möglich an folgenden Tauchbasen

1. Tauchschule Atlantis, Ferdinand Sturtz, Bad-Stich-Str. 22, A-9201 Krumpendorf/Wörthersee, Tel. (von Deutschland aus): 0043/4229/2229
2. Tauchbasis Ossiachersee, Walter Mauer, Haus Nr. 2, A-9520 Sattendorf, Tel. (von Deutschland aus) 0043/4248/2799

Hochgebirge: So warm es in den Tälern ist, so kühl kann es in der Höhe werden. Da alle Bergseen extrem kalt sind und es außen zudem noch kräftig ziehen kann, muß man mit warmer Kleidung vorsorgen.

Italien: Kärnten grenzt an Italien, was zu Abstechern in dieses Land verführt. Schon unweit der Grenze findet man interessante Bergseen mit fantastischen Sichtweiten.

Karten: Von Kärnten gibt es dutzendweise gutes Kartenmaterial. Wählen Sie große Maßstäbe, damit Sie die kleinen Gewässer besser finden.

Literatur: Reiseführer, Beschreibungen von Land und Leuten, Geschichts- und Kulturbände über Kärnten finden sich in jeder Buchhandlung.
Empfehlenswert: Baedecker-Reiseführer und Merian-Heft "Kärnten".

Maltatal: Von hier führt der Weg zur größten und gewaltigsten Talsperre Österreichs, dem Kölnbreinspeicher.

Nachttauchen: In Kärnten ein besonderes Vergnügen, weil die Seen dann ihren Artenreichtum nicht mehr verbergen können. Im Scheinwerferkegel begegnet man Tieren, die am Tage nicht zu sehen sind.

Oschenik: Mit einer Seehöhe von 2.394 m gehört der "Große Oschenik" zu den höchst gelegenen Bergseen der Alpen, die man mit dem Auto erreichen kann.

Prüfungen: Wer Tauchprüfungen anstrebt, sollte sich an die Tauchschule "Atlantis" wenden. Ausgebildet wird nach den Richtlinien der UDI.

Quellen: Viele Seen beherbergen am Grund Quellen. Um diese herum ist das Wasser glasklar, aber auch sehr kalt.

Reisezeit: Frühjahr bis Herbst, je nach dem, wie man Urlaub machen kann. Am schönsten ist zweifellos der Herbst. Wenig Touristen, noch warmes Wasser, aber bessere Sicht als im Sommer.

Schonzeiten: Bestimmte Uferabschnitte verschiedener Seen können jahreszeitlich mit einem Badeverbot versehen werden, wenn die Laichzeit der Fische naht. Vorherige Erkundigungen bei den Tauchbasen bzw. den örtlichen Fischervereinen sind anzuraten.

Tauchgenehmigungen: Werden für ganz Kärnten keine benötigt. Bei Privatseen sollte der Eigentümer vorher konsultiert werden.
Vorsicht beim Tieftauchen - Kärnten besitzt keine Dekokammer!

Unterkünfte: Weil Kärnten im Sommer stark überlaufen ist, muß man sein Urlaubsquartier rechtzeitig buchen. Für Taucher mit viel Gepäck lohnt sich eine Ferienwohnung oder der Verbleib auf einem der vielen Campingplätze.

Verbotene Zonen: Obwohl keine Tauchgenehmigungen erforderlich sind und man fast überall ungefragt und ungestört seinem Hobby nachgehen kann, darf man auf fremden Grundstücken nicht ohne weiteres das Ufer betreten. Prominente Anwohner (Industrielle, Politiker und andere Personen, die als gefährdet eingestuft sind) könnten das als Hausfriedensbruch ansehen.

Waffentauchen: Nicht zu empfehlen, weil die örtliche Gendarmerie hier keinen Spaß versteht. Neben der Beschlagnahmung der gesamten Tauchausrüstung wird in der Regel auch das Auto konfisziert.

Zecken: Die Impfung gegen Zeckenbisse ist bei einem Kärtenbesuch anzuraten. Das Land gilt als Zeckenhochburg Europas. Jedes Jahr kommen bei Einheimischen und Urlaubern Todesfälle als Folge von Hirnhautentzündung vor, die durch den Holzbock übertragen wird.
Die Zeckenimpfung hält 10 Jahre.

Tauchreiseführer.

BONAIRE
Michael Jung
152 S., ISBN 3-927913-12-X

DIE INSELN VON HYERES
Margot und Franz Ebersoldt
128 S., ISBN 3-925342-43-5

LES ILES D'HYERES
Margot et Franz Ebersoldt
128 p., ISBN 3-925342-49-4

COSTA BRAVA
Dietmar Paschke
120 S., ISBN 3-925342-54-0

KORSIKA
Franz Brümmer, Werner Baumeister
104 S., ISBN 3-925342-19-2

MALTA
Arnd Rödiger
80 S., ISBN 3-925342-48-6

SARDINIEN
Heinz Käsinger
96 S., ISBN 3-925342-58-3

SINAI
Peter Schmid, Claudia Kreutzer-Schmid
128 Seiten, ISBN 3-925342-99-0

OSTDEUTSCHLAND - Der Norden
Falk Wieland
144 S., 3-927913-42-1

Unterwasserführer.

ROTES MEER - FISCHE
RED SEA - FISH
Helmut Debelius
168 S., ISBN 3-925342-18-4

ROTES MEER - NIEDERE TIERE
RED SEA - INVERTEBRATES
Peter Schmid, Dietmar Paschke
168 S., ISBN 3-925342-10-9

MALEDIVEN - FISCHE
MALDIVES - FISH
Peter Nahke, Peter Wirtz
168 S., ISBN 3-925342- 59-1

EUROPÄISCHE BINNENGEWÄSSER
Bernd Humberg
200 S., ISBN 3-927913-44-8

KARIBIK - FISCHE
THE CARRIBEAN - FISH
Peter Wirtz - Peter Nahke
176 S., ISBN 3-927913-26-X

VERLAG SN

VERLAG STEPHANIE NAGLSDCHMID
Rotebühlstr. 87A - 70178 Stuttgart - Tel. 0711/626878 - Fax 612323